DROIT ROMAIN:

DE LA

PROPRIÉTÉ DES ANIMAUX

—

DROIT FRANÇAIS:

DES CHEPTELS

(Ancienne Jurisprudence , Code Napoléon.)

THÈSE

PRÉSENTÉE A LA FACULTÉ DE DROIT DE POITIERS

POUR OBTENIR LE GRADE DE DOCTEUR

Et soutenue le mercredi 7 juillet 1869, à 2 h. du soir

DANS LA SALLE DES ACTES PUBLICS DE LA FACULTÉ

PAR

ÉMILE DUPOND,

Avocat.

POITIERS

IMPRIMERIE DE A. DUPRÉ

RUE IMPÉRIALE

—

1869

DROIT ROMAIN :

DE LA

PROPRIÉTÉ DES ANIMAUX

—

DROIT FRANÇAIS :

DES CHEPTELS

(Ancienne Jurisprudence, Code Napoléon.)

———

THÈSE

PRÉSENTÉE A LA FACULTÉ DE DROIT DE POITIERS

POUR OBTENIR LE GRADE DE DOCTEUR

Et soutenue le mercredi 7 juillet 1869, à 2 h. du soir

DANS LA SALLE DES ACTES PUBLICS DE LA FACULTÉ

PAR

ÉMILE DUPOND,

Avocat.

———

POITIERS

IMPRIMERIE DE A. DUPRÉ

RUE IMPÉRIALE

—

1869

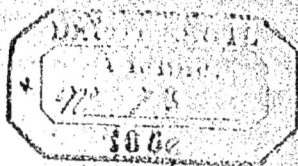

COMMISSION.

Président,   M. FEY, ✻.

Suffragants : $\left\{\begin{array}{l}\text{M. RAGON,}\\ \text{M. Martial PERVINQUIÈRE,}\\ \text{M. LEPETIT, ✻,}\\ \text{M. THÉZARD,}\end{array}\right.$ $\left.\begin{array}{l}\\ \text{Professeurs.}\\ \\ \text{Agrégé.}\end{array}\right.$

(C.)

A LA MÉMOIRE DE MON PÈRE ET DE MA MÈRE.

A MES PARENTS, A MES AMIS.

DROIT ROMAIN.

DE LA PROPRIÉTÉ DES ANIMAUX.

PRÉAMBULE.

Les animaux, qui ont attiré depuis si longtemps l'attention des philosophes, dont la véritable nature a été matière à tant de controverses, peuvent aussi être étudiés au point de vue du droit. Leur propriété n'est point complétement semblable à celle des choses inanimées : ils nous sont acquis par des modes spéciaux. En même temps que nos choses, ils sont nos compagnons et nos serviteurs ; ils ont avec nous et avec autrui des rapports plus directs et plus fréquents ; ils nous prêtent un concours plus ou moins intelligent ; enfin leur propriété doit être protégée et réglementée d'une façon particulière. C'est cette propriété des animaux que nous avons dessein d'étudier dans la législation romaine. Nous aurons à rechercher tout d'abord comment elle s'acquiert, et quelle place elle occupe parmi les autres propriétés ; nous examinerons ensuite à quelle responsabilité nous soumet cette propriété quant aux dommages causés à autrui ; enfin nous étudierons les lois qui protégent les animaux, soit en tant que propriété, soit dans un intérêt d'humanité.

1

CHAPITRE PREMIER.

DE L'ACQUISITION DE LA PROPRIÉTÉ DES ANIMAUX ET DE LA NATURE DE CETTE PROPRIÉTÉ.

Les animaux sont susceptibles de propriété; mais la plupart n'y sont pas actuellement soumis, et c'est sur eux principalement que trouve à s'appliquer ce mode primitif d'acquisition qu'on appelle l'occupation. Ils se prêtent ensuite aux différents modes dérivés qui font acquérir la propriété. Nous nous occuperons d'abord de l'occupation, et ensuite de certains cas rangés sous le titre d'*accession*; puis nous examinerons la nature de la propriété des animaux, et nous en déduirons des applications diverses soit quant aux autres manières de les acquérir, soit quant aux contrats dont ils peuvent être l'objet et aux droits dont ils peuvent être affectés.

§ Ier.

De l'occupation appliquée aux animaux.

I. Tous les animaux ne sont pas susceptibles d'occupation : ceux-là seuls y sont soumis qui sont considérés comme *res nullius;* ceux sur lesquels existe actuellement une propriété privée ne peuvent que se transmettre. Il faut donc faire une distinction : les jurisconsultes romains reconnaissaient trois espèces d'animaux : les animaux sauvages *(feræ)* restés à l'état naturel ; les animaux naturellement sauvages, mais retenus en captivité ou apprivoisés ; enfin les animaux domestiques.

Les animaux sauvages sont ceux qui vivent séparés de l'homme, évitent sa domination et même son approche, ou qui ne s'approchent de lui que pour lui nuire : tels sont les lions, les ours, et, parmi les animaux inoffensifs, ceux que nous comprenons sous le nom de gibier. Les poissons, qui vivent dans la mer, dans les fleuves, les lacs, les étangs publics et autres lieux semblables, sont également à l'état libre et sauvage. Tous ces animaux sont *res nullius* ; ils sont donc susceptibles de s'acquérir par occupation.

La chasse *(venatio)* et la pêche *(piscatio)* sont des variétés de ce mode d'acquérir. Peut-être même, si on nous permet ici une conjecture étymologique, les mots *venari*, *venatio* sont-ils les dérivés du radical primitif qui exprime l'idée d'appropriation, et qui serait passé dans un grand nombre d'expressions juridiques: ce radical *ven*, *venum* aurait le sens de lien ou d'attache, et en même temps d'appropriation; de même *vincere* et *vincire* seraient des expressions composées de *venum ciere*, mettre à l'attache, prendre par conquête; *vinculum (venunculum)* signifierait ce qui sert à attacher ou à s'approprier; *vindicare* ne serait autre chose que *venum dicare*, établir ou proclamer comme sa propriété, *venum dare* ou *vendere*, donner comme propriété. Ce radical, exprimant l'appropriation par conquête, aurait, ou à peu près, le même sens primitif que l'expression *mancipium*, appropriation par conquête, d'où viennent les *res mancipi* (choses de bonne prise, choses les plus précieuses).

En quoi consiste donc l'occupation? A saisir un objet *nullius* et à le mettre en son pouvoir. Deux conditions sont indispensables pour ce mode d'acquisition : l'intention d'avoir la chose pour soi *(animus rem sibi habendi)* et l'appréhension matérielle *(corpus sive factum)*. Mais la première est si rarement absente lorsqu'on rencontre la seconde, que nous aurons seulement à nous occuper de cette dernière. Cependant l'*animus rem sibi habendi* peut exister chez un autre que chez celui qui occupe la chose matériellement. Si, par exemple, un maître fait chasser un esclave, c'est le maître qui deviendra propriétaire des animaux tués et pris par l'esclave. On peut même employer un homme libre à chasser ou à pêcher, et celui-ci ne deviendra pas propriétaire des produits de sa chasse ou de sa pêche : il n'a pas l'*animum rem sibi habendi*. Ces hypothèses ne présentent aucune difficulté, et nous les indiquons seulement pour faire ressortir le double élément nécessaire à l'acquisition de la propriété par occupation.

Il faut maintenant considérer l'occupation dans son élément matériel : à quel moment est-elle parfaite? Au moment où l'objet est en la possession du chasseur ou du pêcheur, de façon à ne pouvoir lui échapper. Telle est la rigoureuse application du principe. Cependant on avait discuté certaines questions.

Un chasseur a levé un animal, il l'a blessé, il le poursuit encore : Trébatius décidait que l'animal lui appartenait tant qu'il n'abandonnait pas la poursuite; on ne pouvait donc s'en emparer sans commettre un vol ; mais s'il cessait de le poursuivre, alors seulement l'animal, par une sorte de *postliminium*, retombait dans sa liberté naturelle, redevenait *res nullius*, et par conséquent pouvait être pris impunément par le premier occupant. Mais l'opinion de Trébatius n'avait pas été suivie. Les autres jurisconsultes décidaient que l'animal n'appartenait au chasseur qu'au moment où il l'avait pris ; car jusque-là, fût-il blessé, bien des accidents pouvaient en empêcher la capture définitive. Le chasseur n'avait donc aucune réclamation à exercer contre celui qui s'était emparé de l'animal poursuivi par lui ou ses chiens (L. 5, § 1, ff. *De acq. rer. dom.*)

Une fois que le chasseur a pris l'animal, sa propriété n'est pas encore assurée si l'animal est vivant et peut s'échapper ; car s'il recouvre sa liberté naturelle, il redevient *res nullius* et peut être saisi par le premier occupant : *Eousque nostrum esse intelligitur, donec custodia nostra coerceatur* (L. 3, § 2, ff. *De acq. rer. dom.*). Cependant, quand l'animal a été une fois pris, on se montre moins rigoureux pour la conservation de la propriété du chasseur que pour l'acquisition. L'animal n'est pas réputé rentré dans sa liberté naturelle par cela seul qu'il est sorti des mains du chasseur : il faut qu'il soit hors de la vue, ou tout au moins que la poursuite en soit devenue difficile ; si donc l'animal était blessé grièvement, de façon à ne pouvoir s'échapper, il ne deviendrait pas *res nullius*, et on ne pourrait s'en emparer sous les yeux du chasseur sans commettre un vol (Inst., *de div. rerum*, § 11 ; L. 5, ff. *De acq. rer. dom.*).

Autre hypothèse intéressante : que décider d'un sanglier ou de tout autre animal qui s'est pris dans un filet, si le chasseur n'est pas venu s'en emparer? On avait, ici, suivi l'opinion de Proculus, qui attribuait la propriété au chasseur si l'animal était si bien pris qu'il ne pût se détacher, quelque effort qu'il fît. En effet, on peut dire que l'animal est pris et au pouvoir du chasseur non-seulement s'il est entre ses mains, mais si par un procédé quelconque il ne peut lui échapper. Cependant Proculus indique ici des distinctions auxquelles il ne répond pas (L. 55, ff. *De acq. rer. dom.*). Il faut, dit-il, distinguer si le filet a été placé sur un terrain public ou privé, et, en supposant un terrain privé, voir s'il appartenait au chasseur ou à autrui. Ces distinctions, abandonnées par les jurisconsultes, doivent-elles néanmoins être prises en considération? Certains commentateurs le pensent. Si, disent-ils, le filet a été placé dans un lieu public, chacun peut y venir détacher l'animal : par conséquent il n'est pas définitivement en la possession du chasseur, et il ne saurait être sa propriété. De même, si le filet a été placé sur le terrain d'autrui sans la permission du propriétaire, ou si le lieu, quel qu'il soit, était ouvert à tout venant, dans tous ces cas on peut impunément s'emparer de l'animal ou le détacher. Mais nous croyons que cette interprétation est étrangère à Proculus. Après avoir posé les distinctions ci-dessus, il n'en tient aucun compte dans sa solution : il les considère donc comme indifférentes à la question. Nous verrons en effet que le chasseur est propriétaire du gibier qu'il a pris, que ce soit sur le fonds d'autrui ou sur le sien propre; or, ici, le gibier est réputé pris par cela seul qu'il ne peut se dégager du filet du chasseur : « *Si in meam potestatem pervenit, meus factus est.* »

Faut-il également exiger, pour que le chasseur puisse être réputé propriétaire, qu'il ait connaissance que l'animal est pris dans son filet ? On pourrait répondre affirmativement, puisque l'*animus rem sibi habendi* est nécessaire pour la validité de l'occupation ; mais cet *animus* n'est-il pas présumé ? De même que si j'envoie un esclave à la chasse, j'acquiers immédiatement le gibier qu'il tue avant même d'en avoir connaissance, de même l'animal pris dans mon filet doit m'appartenir au moment où il y tombe.

Il reste à décider, pour en finir avec cette question, quelle action aura le chasseur contre celui qui sera venu s'emparer de l'animal ou le détacher ? S'il s'agit d'un individu qui s'en est emparé frauduleusement, on aura, sans aucun doute, contre lui, la *condictio furtiva* et l'action de vol ; s'est-il contenté de détacher l'animal, il lui a rendu sa liberté naturelle et a fait disparaître la propriété du chasseur : alors, faute d'action spéciale, il sera poursuivi par une action *in factum*. Il y a en effet quelque analogie entre ce cas et celui où une personne, touchée d'une pitié mal entendue, délie l'esclave d'autrui et lui fait prendre la fuite : dans l'une et l'autre circonstance, on donne l'action *in factum*.

La chasse donne au chasseur la propriété, soit que l'animal ait été pris sur son terrain ou sur le terrain d'autrui, ou dans un lieu public. En effet, le gibier qui se trouve sur un terrain particulier n'est pas une partie de ce terrain ; le propriétaire du sol ne peut saisir et retenir à son gré les animaux qui y passent : ils demeurent toujours *res nullius.*

Sans doute, on n'a pas le droit de chasser sur le terrain d'autrui sans son agrément, pas plus que d'y passer de toute autre façon. Le propriétaire peut donc s'opposer même à ce qu'on passe sur son terrain, répondre par la violence à la violence de celui qui voudrait y pénétrer, et le poursuivre en justice soit par l'interdit *uti possidetis*, soit même, selon les cas, par l'action *injuriarum.* Mais cela ne fait pas que le chasseur n'acquiert pas la propriété du gibier qu'il a tué sur le terrain défendu, et le maître du terrain ne peut élever aucune prétention sur ce gibier.

Il en serait différemment s'il s'agissait d'animaux, même naturellement sauvages, qui fussent enfermés de façon à ne pouvoir s'échapper : si, par exemple, des poissons étant enfermés dans un vivier ou réservoir, le propriétaire étant libre de les prendre quand il veut, ces poissons ne peuvent être considérés comme *res nullius* : ils échappent à l'occupation.

Nous arrivons ainsi à la deuxième catégorie d'animaux, savoir : ceux qui sont naturellement sauvages, mais qui sont apprivoisés ou retenus en captivité, etc.

II. Certains animaux sauvages peuvent être apprivoisés, et, tout en jouissant d'une liberté relative, conserver l'habitude de revenir au logis : ces animaux sont une propriété privée, et on ne peut les acquérir par occupation ; s'en emparer constituerait un vol. Mais ils peuvent retourner à leur liberté naturelle, et redevenir *res nullius.* Ce résultat se produit dès qu'ils ont perdu l'esprit de retour, c'est-à-dire l'habitude de

revenir ; à partir de ce moment, ils peuvent être acquis
par le premier occupant sans difficulté, car une sorte
de *postliminium* a effacé la propriété à laquelle ils
avaient été soumis.

Les jurisconsultes romains avaient surtout fait l'application de cette théorie aux *paons*, aux *pigeons* et
aux *abeilles*. Ils considéraient ces animaux comme
sauvages, mais comme susceptibles de propriété tant
qu'ils conservaient l'esprit de retour chez un propriétaire déterminé.

Ainsi, en ce qui touche les abeilles, tant qu'elles
n'étaient pas enfermées dans une ruche, on les traitait absolument comme les autres animaux sauvages.
Si elles venaient se poser sur l'arbre d'un particulier,
elles ne lui appartenaient pas plus que les oiseaux qui
venaient nicher sur cet arbre ; le premier venu, une
fois entré sur le terrain où se trouvait l'arbre, pouvait s'emparer des abeilles, et même des rayons de
miel qu'elles avaient pu déposer dans l'arbre ; le seul
droit du propriétaire était d'interdire l'accès de son
fonds. Si, au contraire, le propriétaire enfermait les
abeilles dans une ruche, il en avait la propriété tant
qu'elles retournaient à cette ruche. Si un essaim s'en-
volait de la ruche, il pouvait le poursuivre, et il en
conservait la propriété tant qu'il pouvait le voir et
que la poursuite en était facile ; mais sitôt l'essaim
échappé à sa vue ou à sa poursuite, il devenait *res
nullius:* le premier occupant pouvait s'en emparer.

Non-seulement les animaux apprivoisés, mais aussi
les animaux restés sauvages et retenus en captivité
étaient soumis à la propriété. Les bêtes sauvages en-

fermées dans un parc *(vivarium)*, les poissons placés dans un réservoir, appartiennent au propriétaire du parc ou du réservoir ; il en a non-seulement la propriété , mais même la possession , car il les tient en son pouvoir et en quelque sorte sous sa main. Il en est différemment des poissons qui se trouvent dans un étang, même appartenant à un particulier, ou des animaux qui vivent à l'état sauvage dans une forêt, fût-elle close (1) : l'étendue des étangs ou des forêts laisse les animaux en leur liberté naturelle ; ils ne sont pas susceptibles d'être possédés.

La possession, de même que la propriété, s'applique aussi aux oiseaux apprivoisés ou renfermés dans une volière, aux pigeons qui ont l'habitude de quitter et de retrouver leur colombier, aux abeilles qui reviennent chaque jour à la ruche (L. 3, §§ 14, 15, 16, ff. *De acq. vel amit. poss.*). Mais la possession, comme la propriété de ces animaux, se perdrait sitôt qu'ils auraient cessé d'être retenus en captivité et de revenir à leur habitation. *Nerva filius, res mobiles excepto homine, quatenus sub nostra custodia sint hactenus possideri,*

---

(1) « Feras quæ in sylvis circumseptis vagantur, » nous dit la loi 3, § 14, ff. *De acq. vel amit. poss.* Certains auteurs proposent de lire : *sylvis non circumseptis* (forêts non encloses), car une forêt enclose ne serait autre chose qu'un parc ; cependant le texte peut se maintenir tel qu'il est : de même que l'étang, bien que limité de toutes parts, ne permet pas la possession de poissons à raison de son étendue, de même la forêt, lors même qu'elle est enclose, laisse aux animaux une liberté suffisante pour qu'ils ne soient pas à la disposition immédiate du propriétaire, et par conséquent pour qu'ils ne soient pas possédés. La forêt enclose diffère du parc *(vivarium)* comme l'étang diffère du réservoir *(piscina)*.

id est qualenus (si) velimus naturalem possessionem nancisci (possimus) — (L. 3, § 13, ff. *eod.*).

III. Il nous reste à parler des animaux domestiques proprement dits. Ce sont ceux qui appartiennent à une espèce ou plutôt à une variété qui n'existe pas à l'état sauvage. Tous les membres de cette variété, quels qu'ils soient, vivent auprès de l'homme, et servent à ses besoins en échange de la protection qu'il leur accorde. D'autres variétés des mêmes espèces existent sans doute à l'état libre; ainsi, à côté des bœufs domestiques, il y a des bœufs sauvages, de même pour les oies, les poules, les canards. Cette existence parallèle des variétés sauvages est même, selon l'ingénieuse remarque de Gaïus et de Justinien, une preuve de plus de la domesticité naturelle des autres. Ce sont des êtres d'une organisation pareille, mais dont les uns naissent avec une disposition à la domesticité qu'ils transmettent à leur postérité; les autres, au contraire, restent indépendants et ne s'apprivoisent que par exception.

Les animaux domestiques, incapables de vivre en liberté, constituent par cela même une propriété privée qui ne peut se perdre instantanément. En vain ils échapperaient un moment, affranchis par une cause quelconque : ils ne sauraient retenir une liberté qu'ils n'ont jamais eue et qui n'est pas dans leur nature. Ils continuent donc d'appartenir à leur propriétaire, et celui qui s'en empare avec l'intention de les retenir commet un vol; il est exposé à la revendication ou à la *condictio furtiva*, et à l'action *furti* (Inst., *De div. rer.*, § 16).

§ II.

Acquisition des animaux par accession.

On range sous le nom d'*accession* un certain nombre de cas d'acquisitions de la propriété, où se retrouve cette idée commune qu'un propriétaire d'un objet principal acquiert un autre objet accessoire du premier. Y a-t-il là un mode distinct d'acquisition? peut-on au contraire, par une décomposition exacte des faits, faire rentrer tous les cas d'accession dans l'application des modes ordinaires d'acquérir? Cette dernière solution est peut-être difficile à soutenir d'une manière absolue; mais, en ce qui concerne les animaux, les deux cas d'accession que nous trouvons s'expliquent parfaitement, sans l'intervention d'un mode spécial d'acquérir. Ces deux cas sont : 1° celui où le propriétaire d'un animal femelle acquiert les petits qui en naissent; 2° celui où, une personne étant propriétaire d'un groupe d'animaux, comme les pigeons d'un colombier, les abeilles d'une ruche, il vient s'y réunir de nouveaux individus.

En ce qui concerne d'abord les petits des animaux, ces petits, qui, avant d'être nés, faisaient partie du corps de la mère, appartenaient déjà au même propriétaire; au moment de la naissance, ils ne changent pas de propriétaire : c'est un seul et même objet qui se dédouble et dont les parties continuent d'appartenir au même maître. Il est même assez singulier, comme l'a remarqué un auteur, de voir là une acquisition par accession; car le jeune animal, loin de devenir en naissant l'accessoire de sa mère, s'en sépare pour former un objet distinct et principal.

Les petits des animaux sont considérés comme des fruits, car ce sont des productions ordinairement périodiques.

Par suite, le possesseur de bonne foi d'un animal femelle fait siens les petits des animaux, sitôt qu'ils sont nés. Mais, sous l'empire de la constitution de Dioclétien (L. 22, C., *De rei vendic.*), il ne les acquiert définivement que s'il les a consommés, ou s'il en a disposé; il est obligé de restituer au propriétaire ceux qu'il possède encore en nature. L'usufruit donne également droit aux petits des animaux, avec les modifications que nous indiquerons plus loin. Au point de vue que nous indiquons, les esclaves, si souvent assimilés aux animaux, en différaient: les enfants d'une femme esclave n'étaient pas considérés comme des fruits. Suivant Gaïus et Justinien (L. 28, ff. *De usuris;* Inst., *De div. rer.*, § 27), la raison en serait que l'homme, pour qui sont faits tous les fruits de la terre, ne saurait être considéré sans absurdité comme étant lui-même un fruit. Mais la dignité humaine est assez étrangère à la question; peu importe à l'enfant de l'esclave d'être considéré comme propriété principale ou comme fruit, d'appartenir au maître de la mère ou à l'usufruitier. Si l'on avait voulu être logique, il aurait fallu aller plus loin et dire: comment l'homme, pour qui sont faits tous les fruits de la terre, pourrait-il être lui-même le bien d'un autre homme? La raison ainsi exprimée eût été la condamnation de l'esclavage. Cependant, même en reconnaissant l'esclavage, il pouvait y avoir une raison de distinguer les enfants des esclaves des petits des animaux : c'est que les femmes esclaves n'étaient pas destinées à produire périodiquement des enfants, *quia non temere comparantur ancillæ ut pariunt*), comme dit Ulpien dans la loi 27, ff. *De hered. petit.*

Le second cas d'accession que nous avons indiqué pour les animaux est celui où, par exemple, des pigeons viendraient s'établir dans un colombier où il y en avait déjà d'autres, ou bien encore où des abeilles passeraient d'une ruche à une autre. Ce cas n'est pas prévu par les lois romaines ; mais il y avait acquisition de ces animaux aux propriétaires dont ils viendraient augmenter la ruche ou le colombier. Ce serait encore, si l'on veut, un cas d'accession ; mais il peut se ramener facilement à la théorie de l'occupation. Qu'arrive-t-il, en effet ? Des animaux devenus *res nullius* viennent se mettre dans la possession d'une personne : cette personne les occupe donc. Objectera-t-on qu'elle n'a pas l'*animus* ou *intellectus possidendi* pour chacun des animaux ? Mais il s'agit de posséder un tout ; il n'est pas nécessaire que ni la détention corporelle ni la pensée s'appliquent à chacune des molécules de l'objet ; il suffit qu'elles se portent sur l'ensemble, et cela comprend implicitement toutes les portions individuelles (L. 3, § 1, *in fine*, ff. *De acq. vel amit. poss.*)

§ III.

Des modes ordinaires d'acquérir la propriété appliqués aux animaux ; des démembrements de propriété, et des principaux contrats dont ils peuvent être l'objet.

Les modes d'acquérir que nous allons étudier maintenant supposent la propriété des animaux déjà existante chez une personne qui la transmet à une autre. Ce sont des modes dérivés d'acquérir. Mais il importe de fixer avant tout la nature juridique de cette propriété à divers points de vue.

I. En premier lieu, nous trouvons que certains des animaux sont *res mancipi*, les autres *res nec mancipi*. Les choses *mancipi*, en droit romain, étaient, à ce qu'il semble, les plus précieuses et les plus anciennement connues ; elles consistaient dans les fonds de terre italiques, ruraux ou urbains, les servitudes rurales, les esclaves et les animaux de trait ou de somme (*animalia quæ dorso collove domantur*). On voit que c'étaient principalement la propriété foncière et les accessoires nécessaires à son exploitation que les lois plaçaient ainsi dans une classe à part et entouraient d'une protection spéciale. Ne retrouve-t-on pas une idée plus ou moins analogue dans le droit civil qui, à côté des immeubles par nature, place les immeubles par destination, et parmi eux les animaux attachés à la culture ? Les animaux susceptibles d'être attelés ou de porter des fardeaux étaient donc seuls considérés comme *res mancipi.* On ne rangeait donc pas dans cette catégorie le menu bétail, comme les moutons, les chèvres, les porcs, les chiens, etc.; on n'y rangeait pas non plus les éléphants et les chameaux, bien que susceptibles d'être attelés et de porter des fardeaux. Ulpien, tit. xix, § 1, en donne pour raison que ce sont des animaux naturellement sauvages, et qui par conséquent servent aux besoins de l'homme exceptionnellement *et contra naturam.*

On peut joindre à cette raison une explication historique : les Romains connurent fort tard ces animaux; les éléphants ne furent vus en Italie que du temps des guerres de Pyrrhus, et, comme ils parurent pour la première fois en Lucanie, on les appela *bœufs de Lucanie.* Or il est probable que l'énumération limitative des animaux considérés comme *res mancipi* était dès lors arrêtée; on ne jugea pas utile d'y faire entrer ces animaux étrangers. D'ailleurs, les éléphants et les chameaux n'étaient employés qu'à la guerre, au cirque ou comme objets de curiosité : il n'était donc point nécessaire de les classer dans la catégorie des choses servant à l'agriculture et aux besoins les plus sérieux de la propriété.

La conséquence de la distinction des animaux en *res mancipi* et *res nec mancipi* est bien connue. Les animaux *mancipi* ne peuvent se transmettre que par la mancipation ou par un autre mode appartenant au droit civil : l'*in jure cessio*, l'*adjudicatio*, l'*usucapio* ou la *lex.* La tradition n'en transférerait point la propriété quiritaire, elle les mettrait seulement dans les biens de l'acquéreur *(in bonis),* et ce droit provisoire ne se transformerait en propriété quiritaire que par l'usucapion.

Réciproquement, les animaux *nec mancipi* ne se transfèrent pas par la mancipation; mais la propriété quiritaire en est immédiatement transférée soit par la simple tradition, soit par les modes du droit civil autres que la mancipation.

La distinction des choses en *mancipi* et *nec mancipi* a été supprimée par Justinien.

II. Les animaux sans distinction sont considérés comme choses mobilières, et non comme *res soli*. Il n'y avait donc pas en droit romain d'assimilation factice entre les animaux et le sol auquel ils pouvaient être attachés.

Les principales conséquences sont:

1° Que les animaux peuvent être usucapés par un an, et non par deux ans, dans l'ancien droit, et sous Justinien par trois ans;

2° Que les animaux sont susceptibles d'être volés (Gaïus, II, § 51; Inst., *De usucapionibus*, § 7): le vol des animaux, comme celui de tout autre objet, donne lieu à la revendication, à la *condictio furtiva* et à l'action *furti*; de plus il crée un vice à l'usucapion;

3° En cas de vente ou de legs d'une maison ou d'un domaine, on comprend tout ce qui est partie ou accessoire de l'objet principal, mais on n'y comprend pas les animaux domestiques qui se trouvent sur le fonds, parce qu'ils n'en font pas partie *(quia nec œdium nec fundi sunt)*; on n'y comprend même pas les poissons placés dans les réservoirs (LL. 15-16, ff. *De act. empt. et vend.*).

2

Les modes d'acquérir la propriété des animaux,
une fois ces observations posées, rentrent dans les
règles générales ; et, comme nous voulons indiquer
seulement ce qui est spécial à notre matière, nous
n'en parlerons pas plus longuement. Nous nous occuperons maintenant des droits d'usufruit et d'usage
constitués sur les animaux, soit isolés, soit réunis au
troupeau, et de la vente des animaux.

Droit d'usufruit sur les animaux.

L'usufruit pouvait s'établir sur les animaux. Ils se
détériorent et périssent par un usage prolongé, comme
la plupart des objets mobiliers ; mais, du moment
qu'ils ne périssent pas par le premier usage, ils
peuvent être soumis à un usufruit véritable, et non
pas seulement à un quasi-usufruit.

Quels sont les droits de l'usufruit d'un animal ?
Il a deux choses : l'*usus*, c'est-à-dire le droit de pro-
fiter des services quotidiens et renouvelables que peut
rendre l'animal, de le faire travailler pour son usage
ou celui d'autrui ; il a d'autre part le *fructus*, ou droit
de jouir, c'est-à-dire de recueillir toutes les choses
produites par le corps de l'animal, et qui se renou-
vellent périodiquement. Ainsi, selon les différentes
espèces d'animaux, l'usufruitier recueille le lait, les
crins, les poils, la laine, enfin et surtout il recueille le
croît, dont il deviendra propriétaire immédiatement
(Inst., *De div. rerum*, § 27).

Le croît profitera pleinement à l'usufruitier si son
droit porte sur un animal isolé ; mais s'il s'agit d'un

troupeau, c'est en quelque sorte une universalité qui ne doit pas périr, et qui doit autant que possible être maintenue au même chiffre. Aussi combler les vides du troupeau jusqu'à concurrence du croît rentre-t-il dans les obligations de l'usufruitier chargé d'entretenir la chose et d'en jouir en bon père de famille. Il suit de là que l'usufruitier d'un troupeau ne profite du croît que pour l'excédant du remplacement des têtes mortes, de même que l'usufruitier d'un champ profite des fruits du terrain, déduction faite de ceux employés à faire des semences, plantations et réparations d'entretien.

L'usufruit d'un animal s'éteint par les mêmes modes que l'usufruit de toute autre chose; il s'éteint en particulier par la mort de cet animal *(est enim jus in corpore, quo sublato et ipsum tolli necesse est)*. L'usufruitier n'a pas même le droit de se servir des dépouilles de l'animal; sans doute le propriétaire peut dire : *meum est quod ex re mea superest;* mais il n'en est pas de même de l'usufruit: son droit ne s'exerce que si la chose conserve sa substance; si la substance périt, il ne peut rien prétendre sur ce qui reste de la chose.

Quand il s'agit de l'usufruit d'un troupeau, la perte d'une ou plusieurs têtes de ce troupeau n'éteint pas l'usufruit; c'est simplement une portion de la chose qui périt, et non l'ensemble. Seulement, s'il y avait du croît, l'usufruitier serait obligé de l'employer à remplacer les têtes mortes. Il pourra même arriver, au moyen de ce remplacement, que toutes les têtes du troupeau primitif périssent, et que néanmoins l'usufruit ne s'éteigne pas. En effet, le troupeau n'est pas une simple réunion de têtes de bétail, c'est une universalité qui se perpétue en se transformant ; l'unité du troupeau subsiste malgré la perte de quelques têtes, et le troupeau complétement renouvelé n'en est pas moins le même qu'au commencement.

Droit d'usage sur les animaux.

Le droit d'usage constitué sur les animaux pouvait être ou presque aussi important que l'usufruit lui-même, ou au contraire presque insignifiant, selon la nature du troupeau. L'usage, en effet, donne droit de percevoir les services de la chose, sans en prendre les produits.

S'il s'agit d'animaux qu'on fait travailler, comme les chevaux, les mulets, etc., l'usage en absorbe la principale utilité. En effet, l'usager peut les employer comme il l'entend ; seulement il ne pourrait pas louer ces animaux, car alors ce ne seraient pas les services qu'il prendrait, il toucherait aux produits qui seraient considérés comme des fruits ; un tel droit n'appartient qu'à l'usufruitier. Mais rien n'empêche l'usager d'employer les animaux à un travail qu'il aurait entrepris à prix fait, car alors les animaux ne seraient pas loués ; ils ne travailleraient pas pour autrui, mais bien pour l'usager, *conductor operis*. L'usager ne doit pas employer les animaux à un service auquel ils n'étaient pas d'abord destinés, à moins que telle n'ait été l'intention expresse ou tacite du propriétaire.

Si, au lieu d'animaux destinés seulement à travailler, nous avons des animaux donnant à la fois leur travail et des produits naturels, comme les vaches, les cavales, etc., le travail appartiendra à l'usager, à charge de ne pas le louer; les produits, tels que le coût, appartiendront au propriétaire ou à l'usufruitier.

Enfin, il peut arriver que les animaux soumis au droit d'usage ne soient utiles que parce qu'ils produisent et que l'usage en soit presque nul : par exemple l'usager d'un troupeau de moutons n'aurait aucun droit, si l'on suivait la rigueur des principes, ni au lait, ni à la laine, ni aux agneaux, *quia in fructu sunt*; il pourrait seulement faire parquer le troupeau sur les propriétés pour les fumer (Inst., *De usu et habit.*, § 4). Mais on admettait comme tempérament à cette doctrine que l'usager pourrait prendre un peu de lait pour ses besoins. Le droit d'usage étant la plupart du temps constitué par testament, on ne doit pas interpréter avec une rigueur excessive : ce serait méconnaître la volonté du testateur (L. 12, § 2, ff. *De usu et habit.*).

Vente des animaux.

Des contrats auxquels peuvent donner lieu les animaux, le plus important est la vente. Dans l'origine des sociétés, les animaux pouvaient figurer dans les ventes soit comme chose vendue, soit comme prix ; l'échange était la forme primitive de la vente, et il faut même remarquer que les animaux étaient en quelque sorte les unités de valeur dont on se servait en matière de vente ou d'achat. Sans parler du passage d'Homère cité dans les Inst., *De empt. et vend.*, § 2, et où l'on voit les Grecs acheter du vin avec des esclaves et des animaux, on peut citer d'autres endroits du même poëte encore plus concluants. Ainsi, au VIᵉ livre de l'*Iliade*, il nous dit que Glaucus, aveuglé par Jupiter, échange avec Diomède des armes d'or pour des armes d'airain, des armes qui valaient cent bœufs pour d'autres qui n'en valaient que neuf :

Χρύσεα χαλκείων, ἑκατόμβοι' ἐννεαβοίων.

Plus tard, quand on frappa des pièces de monnaie, elles reçurent pour empreinte l'effigie d'un animal, et c'est de là que leur vint le nom de *pecunia* (*a quibus ipsa pecunia nominata est*, dit Varron).

Les sabiniens soutenaient encore que le prix pouvait consister en autre chose qu'en argent. Les proculéens soutenaient l'opinion contraire. Dans une vente on doit distinguer le prix de la chose, l'acheteur du vendeur, et cela est impossible si le même objet peut être considéré, relativement à chacune des parties, soit comme prix, soit comme chose vendue. Sabinus, il est vrai, cherchait à justifier son système en disant que, lorsqu'une personne mettait une chose en vente, elle devait avoir la qualité de venderesse lorsqu'une autre personne acquérait cette chose moyennant un autre objet. Malgré ce tempérament, la doctrine des proculéens avait prévalu (Gaïus, III, 141; Inst., *De empt. et vend.*, § 2).

Par conséquent, si une personne s'engageait à livrer un animal en échange d'un autre objet, il n'y avait pas une vente, mais un contrat innomé, dont l'exécution pouvait être réclamée par l'action *præscriptis verbis*, mais seulement de la part de celui qui avait déjà exécuté son obligation : ce contrat était donc réel et non consensuel. Mais, indépendamment de l'action *præscriptis verbis*, la partie qui avait exécuté son obligation avait, en cas de refus de la part de l'autre d'exécuter la sienne, la *condictio causa data causa non secuta* pour reprendre la chose (L. 15, 4, ff. *De præscript. verbis*).

Outre l'action *ex empto*, la vente des animaux donnait lieu aux actions rédhibitoires et estimatoires. Ces actions furent introduites par l'édit des édiles, spécialement pour les ventes d'esclaves et d'animaux; et, plus tard, elles furent étendues à d'autres objets.

La disposition de l'édit concernant les animaux était ainsi conçu : « Ceux qui vendent des bêtes de somme (*jumenta*) devront déclarer clairement et régulièrement les maladies et défauts dont elles sont atteintes; et, lorsqu'elles seront ornées et équipées pour être vendues, elles devront être livrées en cet état aux acheteurs. En cas d'inobservation, nous donnerons action pour la restitution des ornements et rédhibition des animaux, à raison de ce fait, pendant soixante jours; pour la résolution de la vente, à raison des maladies ou des défauts, pendant six mois, ou bien, pour obtenir une diminution sur le prix de la vente, pendant un an. Si l'on a vendu une paire d'animaux en même temps, et que l'un d'eux ait une cause de rédhibition, nous donnerons action pour la rédhibition des deux. »

A cet édit fut ajoutée une mention destinée à le gé-

néraliser : « Ce que nous avons dit des défauts et maladies des bêtes de somme (*jumenta*) devra être ob-
servé par les vendeurs dans la vente de toute espèce
d'animaux. » (*De cætero quoque pecore*, loi 38, ff. *De
æd. edicto.*)

Les maladies et défauts qui devaient donner lieu à
l'action rédhibitoire introduite par cet édit n'y étaient
point spécifiés. La maladie (*morbus*) était définie par
Sabinus : *Habitus cujusque corporis contra naturam,
qui usum ejus ad id facit deteriorem, cujus causa na-
tura nobis ejus corporis sanitatem dedit.* La maladie
suppose donc une altération de l'état naturel, une
souffrance ou une accélération possible de la mort. Le
défaut (*vitium*) est une conformation anormale qui ne
présente pas ces caractères (L. 1, § 7, ff.). Ces maladies ou vices donnant lieu à la rédhibition étaient très-
variables ; il fallait néanmoins : 1° que ces vices fussent tels qu'ils rendissent la chose impropre dans une
limite assez étendue à l'usage qu'en voulait faire l'acheteur ; 2° qu'ils aient existé au moment du contrat ;
3° qu'ils n'eussent pas été spécialement exceptés par le
contrat ; 4° que l'acheteur les eût ignorés ; s'il avait
acheté par l'intermédiaire d'un mandataire, il suffisait
que lui ou le mandataire eût connu les vices pour ex-
clure l'action rédhibitoire.

L'existence des vices rédhibitoires donnait lieu, d'a-
près l'édit des édiles, à une double action : l'action
rédhibitoire proprement dite, tendant à faire remettre
les choses au même état que s'il n'y avait pas eu
vente, et qui durait six mois ; et, d'autre part, l'action estimatoire *ex quanto minoris*, tendant à obte-

nir une diminution de prix, et qui durait un an. Il résultait de là qu'après avoir laissé passer le délai de l'action rédhibitoire, on pouvait encore poursuivre par l'action estimatoire (L. 48, § 2, ff. 4).

Les actions ainsi introduites par l'édit des édiles étaient des actions *rei persequendæ causa*, car elles naissaient du contrat de vente; elles empruntaient seulement aux actions pénales cette particularité qu'en cas de dénégation elles croissaient au double. Ces actions se donnaient donc aux héritiers de l'acheteur et contre les héritiers du vendeur. Dans le cas où la vente avait été faite par un esclave ou par un fils de famille, l'action dirigée contre le père était une action *de peculio* ou de *in rem verso*, et non pas une action *noxale*.

Dans le cas où la vente avait été consentie solidairement par plusieurs, l'action pouvait être dirigée pour le tout contre chacun; mais cette solidarité ne se présumait pas. On n'aurait pas non plus appliqué aux vendeurs d'animaux la disposition de l'édit contre les marchands d'esclaves; il avait été établi qu'en cas de vente par plusieurs d'un esclave atteint d'un vice rédhibitoire, on pourrait agir pour le tout contre celui des marchands qui aurait dans la société la part la plus forte, ou, si plusieurs avaient des parts égales, contre chacun de ceux qui avaient les parts les plus fortes. Cette disposition avait pour but de ne pas forcer l'acheteur à diviser son recours contre plusieurs individus, et elle s'appuyait surtout sur la mauvaise réputation des marchands d'esclaves (L. 44, § 1, ff. h. t.).

Quand l'acheteur d'un animal infecté d'une maladie

ou d'un vice exerçait l'action rédhibitoire, les choses devaient être remises au même état qu'avant la vente, au moyen de prestations réciproques. L'acheteur devait restituer au vendeur l'animal tel qu'il était et tout ce qu'il avait produit (*fructus et accessiones*), excepté néanmoins ce qu'il avait pu produire *ex re emptoris* (L. 24, ff. h. t.); de plus, il devait une indemnité pour les dépréciations qui pouvaient provenir de sa faute; dans le cas où l'animal avait péri absolument, il en devait la valeur si la perte avait été causée par son dol ou par sa faute, même légère. Du reste, l'acheteur était responsable non-seulement de sa faute personnelle, mais même de celle des personnes de sa maison et de ses préposés.

De son côté, le vendeur devait restituer à l'acheteur : 1° le prix; 2° les intérêts, compensation faite des fruits qu'il recouvrait lui-même (L. 29, § 1, ff. h. t.); 3° les dépenses nécessaires occasionnées pour la conservation de l'animal jusqu'au temps de l'action, et l'indemnité du préjudice que l'animal pouvait lui avoir causé. Toutes ces prestations réciproques s'estimaient *ex œquo et bono*.

Si, au lieu de l'action rédhibitoire, l'acheteur voulait exercer l'action *quanto minoris*, il obtenait par là une réduction de prix telle que la chose fût payée par lui à son juste prix. Il pouvait même arriver quelquefois que le prix fût restitué tout entier, si l'animal, loin d'avoir quelque valeur, ne pouvait être qu'un embarras pour ses propriétaires (L. 43, § 6, ff. h. t.) : l'effet de l'action estimatoire était alors le même que celui de l'action rédhibitoire.

Les deux actions dont nous parlons s'éteignaient, comme nous l'avons indiqué, par des délais différents : six mois pour la première, un an pour la seconde. Ces délais étant des *délais utiles*, ils ne commençaient à courir que du jour où l'acheteur avait pu connaître les défauts de son acquisition (L. 19, § ult.; L. 55, ff. h. t.).

Ces actions ne s'éteignaient pas par la mort de l'animal (L. 47, § ult.; L. 48, ff, h. t.); mais si la mort était survenue par la faute de l'acheteur, il était obligé de restituer la valeur réelle de l'animal, en reprenant le prix qu'il avait payé. Le résultat se trouvait ainsi être toujours celui de l'action estimatoire. De même, il n'y avait pas extinction de l'action rédhibitoire ou estimatoire si l'on avait subi éviction de l'animal (L. 44, § 2, ff. h. t.).

Les jurisconsultes romains n'avaient pas été arrêtés par cette objection que, l'animal étant mort, ou l'éviction ayant eu lieu par une cause étrangère aux vices rédhibitoires, l'existence de ce vice n'avait pu causer aucun préjudice réel à l'acheteur, et qu'on devait rentrer dans le droit commun quant à la question des risques; le vice avait existé, cela suffisait pour que la vente fût entachée (*contra* 1647 C. N.; 7, L. du 20 mai 1838).

L'action, une fois exercée, s'éteignait par la *litis contestatio* et on ne pouvait pas procéder une seconde fois; mais, en agissant par une cause de rédhibition déterminée, on pouvait se réserver par une *præscriptio* le droit d'agir pour les autres causes qu'on découvrait ultérieurement (L. 48, § 7, ff. h. t.).

L'action estimatoire concourait, dans beaucoup de cas,

avec l'action *ex empto*, à tel point que certains auteurs ont cru que l'action estimatoire n'était autre que l'action civile *ex empto*. Mais c'est bien une action honoraire distincte, et elle diffère de l'action *ex empto* 1° en ce que l'action *ex empto*, à raison des vices, n'était donnée ordinairement qu'en cas de vices connus du vendeur; l'action estimatoire, comme l'action rédhibitoire, pouvait être exercée, que le vendeur eût ou non connu les vices de la chose (L. 17, § 1, ff. *De act. empti et venditi)*; 2° l'action *ex empto* permettait d'obtenir tout le montant du dommage causé par la vente; l'action estimatoire, seulement la réduction du prix (*ibid.*); 3° l'action *ex empto* était perpétuelle; l'action estimatoire durait un an.

Dans le cas où ces deux actions concouraient, il y avait concours électif; l'exercice de l'une empêchait celui de l'autre.

CHAPITRE II.

DE LA RESPONSABILITÉ DE DOMMAGE CAUSÉ PAR LES ANIMAUX.

La matière que nous abordons maintenant fait l'objet du titre du ff. *Si quadrupes pauperiem fecisse dicatur*.

Le mot *pauperies* désigne le dommage causé sans intention de nuire; il est opposé à l'expression *damnum injuria datum*, qui exprime le dommage imputable à un être responsable et atteint par la loi Aquilia.

Les Romains suivaient, pour la responsabilité du fait des animaux, de même que de celui des esclaves, des principes qui nous paraissent aujourd'hui assez étranges. Au lieu de partir de cette idée que le maître d'un esclave ou d'un animal doit être tenu du dommage causé par l'esclave ou l'animal, comme n'ayant pas exercé une surveillance suffisante et comme ayant commis une faute personnelle, ils admettaient bien une responsabilité, mais ils permettaient au maître de s'en affranchir en abandonnant l'esclave ou l'animal auteur du préjudice. Cet abandon, appelé noxal, à cause de la *noxia* (préjudice, délit), était ainsi justifié; il serait injuste que la méchanceté d'un esclave pût obliger les maîtres au-delà de la valeur de son corps (Gaii Inst., liv. IV, § 75).

L'action organisée en conséquence de ces principes, et qu'on appelait action *de pauperie*, avait été réglée par la loi des Douze Tables. Cette loi avait décidé qu'il faudrait ou livrer l'animal qui avait causé le préjudice, ou payer l'estimation de ce préjudice (liv. Ier pr., ff. h. t.). Dans les sentences de Paul (liv. Ier, tit. xv), après l'indication de la loi des Douze Tables qui établit l'action *de pauperie* pour le dommage causé par les quadrupèdes en général, on lit ces mots *quod etiam lege Pesuliana de cane cavetur.* Qu'est-ce que cette loi Pesuliana? Cujas, sur la foi d'un manuscrit où on lit *Pesoliana*, conjecture que Paul avait écrit *Solonia*, et avait fait allusion à une loi de Solon. Plutarque rapporte, en effet, que Solon avait fait une loi sur les dommages causés par les animaux ; il avait enjoint à tout propriétaire d'un chien qui aurait mordu quelqu'un de le livrer attaché d'une chaîne de quatre coudées. Cette conjecture n'est pas très-admissible : le mot *Solonia* ne se retrouve pas ailleurs, et il n'est pas de l'habitude des jurisconsultes romains de citer les lois grecques. Il est donc plus probable qu'il s'agit de quelque plébiscite dont l'époque et l'auteur sont inconnus, et qui sera venu compléter la loi des Douze Tables. En effet, il pouvait être douteux que le chien fût compris dans l'expression générale de *quadrupedes*, réservée plus spécialement aux animaux *quæ dorso collove domantur.* Le chien a, du reste, une mention spéciale dans l'édit des édiles, dont nous parlerons plus tard.

Nous avons à examiner successivement : 1° dans quels cas il y avait lieu à l'application de l'action *de pauperie* ; 2° à qui elle appartenait ; 3° contre qui elle était donnée ; 4° comment elle aboutissait ; 5° quelles dispositions contenait l'édit des édiles sur les animaux malfaisants.

§ Ier.

Cas d'application de l'action de pauperie.

Le premier élément indispensable pour l'application de l'action *de pauperie* est un préjudice matériellement causé par le fait d'un animal ; mais il n'est pas nécessaire que l'animal ait causé le préjudice *corpore* par un contact direct de son corps avec la personne ou la chose qui a souffert : si, par exemple, des bœufs attelés à un chariot ont écrasé un homme contre un mur avec le chariot, il y aura lieu à l'action *de pauperie*.

A côté du préjudice matériel, il faut considérer plusieurs conditions accessoires. Il faut : 1° *que le fait soit bien le fait de l'animal lui-même,* un mouvement spontané de son instinct naturel ; que l'animal n'ait pas été excité par une personne ou emporté par une force supérieure.

Ainsi les ruades données par un cheval en liberté, les coups de corne portés par un bœuf dans la même situation, donneront lieu, sans aucun doute, à l'action *de pauperie.* Mais si l'animal a été emporté par une force majeure ou imprévue à laquelle il n'a pu résister, si, par exemple, il a été effrayé par quelque circonstance extraordinaire, et qu'il ait ainsi causé quelque accident, il n'y aura lieu à aucune action.

S'agit-il non plus d'une force majeure, mais d'un fait imputable à une personne ? l'animal est, en quelque sorte, mis hors de cause, on cesse d'appliquer l'action *de paupérie,* et on se retourne vers la personne qui est l'auteur véritable du dommage. Supposons, par exemple, qu'un animal ait été chargé au-delà de ses forces et ait renversé un fardeau sur une personne, ou encore qu'il ait été frappé, et que sous le coup de la douleur il ait lancé une ruade à quelqu'un : il n'y aura plus alors *pauperies*, mais *damnum injuria datum*, un préjudice résultant de l'imprudence. Celui qui aura escorté l'animal ou qui l'aura surchargé sera tenu de l'action de la loi Aquilia ou de l'action *in factum*, selon une distinction qui n'est pas très-nettement indiquée par les jurisconsultes (L. 1, §§ 5 et 7, ff. h. t.). Ils donnent l'action de la loi Aquilia dans plusieurs cas, et dans d'autres simplement l'action *in factum*, parce que celui qui excite ou frappe l'animal ne cause pas le dommage *corpore suo*. Il semble que cette raison s'applique à tous les cas de cette nature, et que par conséquent on doive toujours donner l'action *in factum*. Quoi qu'il en soit, cette action empêche l'exercice de l'action *de pauperie*. Si l'individu qui a excité l'animal est un esclave, c'est par rapport à sa personne qu'est donnée l'action noxale, et non par rapport à l'animal. De même, si un animal en a excité ou irrité un autre, et que celui-ci ait causé un dommage, l'action *de pauperie* portera non pas sur l'animal qui a causé le préjudice matériellement, mais sur celui qui l'a excité ; c'est ce dernier qui devra être abandonné noxalement, et si les propriétaires sont différents, c'est contre son maître que devra être formée l'action (Inst., h. t. pr.).

2° *Il faut que l'animal ait agi contrairement à sa nature.* Mais il faut entendre cette règle avec discernement. Est-ce à dire, en effet, que le maître d'un cheval ou d'un mulet vicieux sera déchargé de toute responsabilité parce que cet animal aura cédé à de mauvais instincts naturels en blessant une personne ou en détériorant un objet? Les textes eux-mêmes contrarient une semblable interprétation (L. 1, § 4, ff. h. t.). L'action *de pauperie* est précisément donnée à l'occasion de l'animal qui nuit dans un accès de férocité (*ferocitate consueta*), et surtout lorsqu'il est coutumier du fait (*equus calcitrosus, bos cornu petere solitus*). La règle que nous indiquons veut dire simplement que s'il s'agit d'un animal sauvage qui s'échappe et retrouve sa liberté naturelle, le propriétaire n'est pas responsable du dommage qu'il peut commettre. Ce résultat peut encore paraître bizarre, car il y a incontestablement une faute de la part du propriétaire; mais c'est la conséquence logique du principe. En effet, chez les Romains, le propriétaire n'est tenu que comme propriétaire et jusqu'à concurrence de la valeur de sa propriété; or, quand un animal sauvage (un ours, par exemple) lui échappe, il cesse de lui appartenir, si bien que toute personne peut le tuer et s'emparer de ses dépouilles; par conséquent la responsabilité cesse avec la propriété (L. 1re, § 10, ff. h. t.).

Il faut que l'agression émane de l'animal qui a causé le préjudice, et non de celui qui en a souffert. Le cas où l'agression émanerait de celui qui a souffert le préjudice serait assimilé à une force majeure. Si, par exemple, une personne allait provoquer un animal d'une façon quelconque et en recevait un coup, elle ne serait pas admise à se plaindre; il n'y aurait pas non plus responsabilité pour le propriétaire si, par

3.

imprudence, la victime s'était exposée aux blessures d'un animal. On cite le cas où un individu, se détournant vivement pour livrer passage à un personnage considérable, se rejetterait dans une boutique, et là serait mordu par un chien: si ce chien était attaché, le propriétaire ne serait pas responsable, sauf l'application de l'édit des édiles. De même, si l'on suppose une lutte entre deux animaux appartenant à des maîtres différents, où l'un d'eux a péri, il n'y aura pas lieu à l'action *de pauperie* si l'animal qui a péri était l'agresseur.

§ II.

A qui appartient l'action de pauperie.

L'action *de pauperie*, si le dommage a été causé à une chose ou à un esclave, appartient en principe au propriétaire; mais, comme l'action de vol, elle appartient aussi à quiconque avait intérêt à ce que la chose ne fût pas endommagée. Ainsi le commodataire, le locataire, l'ouvrier auquel la chose a été donnée pour qu'il la réparât, étant responsable de la garde de cette chose, ont droit à l'action *de pauperie*. Il en serait différemment du dépositaire, car il n'est tenu que de son dol et de sa faute lourde; il n'est pas obligé de veiller assidûment à la conservation de la chose, et par suite il n'éprouve aucun préjudice si elle est endommagée. L'action ne pouvant s'exercer qu'une fois, il est évident que le propriétaire ne peut pas agir lorsque l'action est donnée au commodataire ou au locataire;

il a seulement le droit, par l'action *commodati directi* ou *locati*, d'exiger de celui-ci la valeur de la chose ou de se faire céder l'action *de pauperie.*

Quand la chose endommagée était vendue, mais non livrée, c'était au vendeur qu'appartenait l'action, et non à l'acheteur ; en outre que le vendeur est encore propriétaire de la chose, il est responsable de la garde de la chose envers l'acheteur, et par conséquent c'est lui qui a intérêt à former l'action. Par suite, si le dommage était causé par un animal appartenant au vendeur, il n'y aurait pas lieu à l'action *de pauperie;* mais seulement à l'action *ex empto*, pour obtenir une indemnité (L. 14 pr., ff. *De furtis*).

Si le dommage, au lieu d'être causé à une chose, est causé à une personne libre, c'est à cette personne qu'appartient l'action.

L'action *de pauperie* n'est pas de celle qui sont attachées à la personne, comme l'action *injuriarum;* elle ne tend pas à une réparation morale, puisque le dommage est causé *sine affectu ;* elle a pour but une indemnité pécuniaire. Par conséquent, elle est donnée au père de famille pour le mal qui a été fait à un des enfants placés sous sa puissance; elle passe aux héritiers de la personne qui a souffert le dommage, et ne s'éteint que par un délai spécial.

§ III.

Contre qui est donnée l'action de pauperie.

Veut-on savoir contre qui est donnée l'action *de pauperie ?* il n'y a qu'à suivre une règle très-simple :
Noxa caput sequitur : l'action suit l'auteur du dommage. Elle est donnée contre le propriétaire de l'a-
nimal, mais seulement en tant que propriétaire, et
non comme personnellement responsable ; l'action a
une sorte de caractère réel. Si donc l'animal est aliéné,
c'est contre le nouveau propriétaire qu'elle s'exerce ;
si l'animal périt avant que l'action soit arrivée à la *litis
contestatio*, il n'y a plus de propriété, et partant plus
d'action. De même, si le propriétaire cesse de le posséder, à moins que ce ne soit par dol (*dolus pro posses-
sione est*), les héritiers peuvent être poursuivis *de pauperie ;* mais, comme leur auteur, ils sont poursuivis
en tant que propriétaires de l'objet.

Si l'animal est aux mains non pas du propriétaire,
mais d'un possesseur de bonne ou de mauvaise foi,
celui qui a souffert le préjudice ne sera pas obligé de
rechercher le véritable propriétaire ; il pourra agir
contre le possesseur, et le forcer soit à l'indemniser,
soit à lui faire l'abandon noxal de l'animal. Cet abandon
noxal ne lui transférera pas immédiatement la propriété, puisqu'il sera fait *a non domino ;* mais si le
propriétaire se représente plus tard pour revendiquer
l'animal, et qu'il ne veuille pas payer le montant du
préjudice, il sera repoussé par l'exception de dol, car

lui-même eût été forcé de faire l'abandon noxal s'il eût
été en possession. De plus, celui auquel aura été fait
l'abandon noxal usucapera l'animal par un an, lors
même qu'il saurait ne l'avoir pas reçu du véritable
propriétaire (L. 28, ff. *De nox. act.*).

Dans le cas où l'animal est la propriété indivise de
plusieurs personnes, on peut agir *in solidum* contre
un seul des propriétaires, et celui-ci, pour se libérer,
devra abandonner non-seulement sa part, mais tout
l'animal ; il sera dans la position d'un possesseur pour
les parts de ses copropriétaires. S'il ne veut ou ne peut
livrer l'animal, il payera l'estimation du dommage en
entier ; il pourra seulement recourir contre ses copropriétaires par l'action *communi dividundo*, si c'est
par leur faute qu'il n'a pu livrer l'animal (Loi 8, ff. *De
nox. act.*).

Mais que décider si l'on n'obtient du copropriétaire
poursuivi le premier ni abandon de l'animal ni indemnité du préjudice ? pourra-t-on encore poursuivre les
autres, ou faudra-t-il déclarer l'action éteinte d'une
façon absolue par la *litis contestatio* ? Nous pensons
que l'obligation est simplement *in solidum*, et non pas
corréale ; que, par conséquent, la poursuite dirigée
contre l'un ne libère pas les autres (*voir* L. 17 pr.,
De nox. act.). On pourrait objecter la loi 26, ff. Code,
qui, dans un cas analogue, décide que tous sont libérés par la poursuite dirigée contre un seul : *Electione
unius omnes liberantur ;* mais cela veut dire simplement que celui qui a souffert le dommage ne doit pas
se faire payer deux fois la valeur du dommage. Du
reste, la question ne pouvait plus faire difficulté sous

Justinien ; d'après la loi 28, au Code, *De fidéjussoribus*, les fidéjusseurs solidaires ne sont pas libérés par la poursuite exercée contre leur codébiteur, mais seulement par leur payement effectif.

§ IV.

Fin de l'action de pauperie.

L'action *de pauperie* était une action noxale, et plusieurs textes lui donnent ce nom. Elle permettait donc au maître de l'animal qui avait causé le dommage de se libérer soit en abandonnant l'animal, soit en payant l'estimation du préjudice. Ce n'était cependant pas, à proprement parler, une action arbitraire, car les textes n'indiquent pas chez le juge le pouvoir d'ordonner la prestation de l'animal comme condition de l'absolution, et de condamner ensuite *ex æquo et bono*. Au contraire, les Instituts (*De nox. act.*, pr.) supposent que le maître, ayant été condamné, se libérera soit en payant le montant de la condamnation, soit en faisant l'abandon noxal. De plus, il s'agit d'une action réglée par la loi des Douze Tables : c'est un *judicium*, et non pas un *arbitrium*.

Le propriétaire poursuivi pour le fait de son animal peut donc se libérer de deux façons, soit en payant l'estimation du dommage ou en faisant l'abandon ; s'il opte pour le payement du dommage, il doit en payer la valeur simple. Il n'y a point ici d'estimation artificielle et rétroactive, comme dans le cas de la loi Aquilia ; c'est une des différences de la *pauperies* avec le *dam-*

num injuria datum. On ne doit pas tenir compte non plus de la valeur d'affection ; mais on peut, à ce qu'il semble, évaluer tous les éléments du dommage, tant directs qu'indirects ; l'estimation doit se faire *quanti ea res est litis contestatæ tempore.* S'il s'agit d'un homme libre qui a été blessé, on doit lui payer les honoraires du médecin, l'indemnité pour la privation de son travail pendant le temps de la maladie et pour l'incapacité qu'il peut avoir contractée ; mais il n'y a pas lieu de se préoccuper de la difformité qui peut lui être survenue, car le corps de l'homme, pris en lui-même, n'est pas dans le commerce, et une personne ne peut être considérée comme propriétaire de ses membres ; d'autre part, le corps ne constitue pas une valeur appréciable en argent (L. 13 pr., ff. *Ad leg. Aquil.*; L. 3, ff. *Si quadrupes*).

Le second parti que peut prendre le propriétaire est d'abandonner l'animal ; alors il doit le livrer vivant. Mais cette ressource de l'abandon noxal peut quelquefois lui être enlevée. C'est ce qui arrivera : 1° si le propriétaire de l'animal a lui-même été la cause première du dommage : l'action *de pauperie* s'efface alors pour faire place à l'action de la loi Aquilia ; il faut même remarquer, à ce propos, une bizarre conséquence des principes : si le maître a excité l'animal qui a causé le dommage, l'action de la loi Aquilia s'étendra d'une façon absolue par sa mort, et l'on ne pourra pas exercer contre les héritiers l'action *de pauperie*, car l'animal qu'ils détiennent n'aura été que l'instrument et non la cause du mal ; si, au contraire, l'animal n'a pas été excité, les héritiers seront tenus de l'action *de pauperie;* 2° si, par dol, il a cessé de posséder l'animal et s'est mis dans l'impossibilité de le livrer; 3° si, interrogé devant le magistrat, *in jure,* sur le point de savoir s'il était propriétaire de l'animal, il a répondu négativement, et que sa propriété soit ensuite prouvée (L. 1ʳᵉ, § 14, ff. h. t.). Dans ces deux derniers cas, il devra payer le dommage en entier.

Mais, d'un autre côté, l'action s'éteint si, avant la *litis contestatio,* l'animal périt; s'il change de propriétaire, c'est celui qui devient maître de l'animal qui est exposé à l'action : *Noxa caput sequitur.* Mais que décider si la mort de l'animal ou le changement de maître se produit après la *litis contestatio,* sans qu'il y ait d'ailleurs aucun dol à reprocher au propriétaire? sera-t-il libéré? ou, au contraire, devra t il payer l'estimation du dommage comme n'ayant plus la faculté de livrer l'animal? Ce dernier système paraît plus conforme aux principes. Dans les *judicia* proprement dits, on doit payer tout ce qu'il aurait fallu payer si la condamnation était intervenue au jour de la *litis contestatio* (L. 3, § 2, ff. *De commodati*). Il faut donc payer l'estimation du dommage, et la faculté qu'avait le défendeur de se libérer en livrant l'animal se trouve perdue pour lui. Si cependant il restait quelque action au propriétaire à l'occasion de cet animal; si, par exemple, celui-ci avait été tué, et que l'action de la loi Aquilia fût ouverte, le propriétaire aurait encore le choix ou de céder son action de la loi Aquilia, représentation de la valeur de l'animal, ou de payer l'estimation du dommage (Loi 1, § 16, ff. h. t.).

§ V.

De l'édit des édiles sur les animaux dangereux.

L'action *de pauperie* était dans beaucoup de cas insuffisante. Sans doute, elle permettait de rendre le propriétaire personnellement responsable du préjudice, quand il y avait participé par dol ou imprudence au moment même où il avait été commis ; mais elle ne considérait pas comme une cause de responsabilité personnelle la possession même de l'animal vicieux et le manque de surveillance dont il avait pu être l'objet. Cet inconvénient était surtout sensible dans le cas où il s'agissait d'animaux naturellement féroces, dont la possession était un danger pour tous les habitants ; il l'était d'autant plus que, si l'animal causait un préjudice en s'échappant, il cessait d'appartenir à son propriétaire, et l'action noxale disparaissait.

De là une sage disposition de l'édit des édiles, ainsi conçue : « Que personne ne puisse avoir près d'un passage fréquenté, et de façon à pouvoir occasionner dommage à quelqu'un, un chien, un verrat, un loup, un ours, une panthère, un lion, ou tout autre animal capable de nuire, soit en liberté, soit même attaché, si les liens ne sont pas suffisants pour les empêcher de causer de dommage. En cas de contravention, s'il y a mort d'un homme libre, que le contrevenant soit condamné à deux cents solides ; pour blessure faite à un homme libre, le juge fixera la condamnation comme il lui paraîtra juste ; pour tout autre dommage, au double de la valeur du préjudice. » (LL. 40, 41, 42, ff. *De œdil. edicto.*) Les condamnations imposées par cet édit ne pouvaient pas être évitées par l'abandon noxal ; elles supposaient en effet une faute personnelle de la part de celui qui y était soumis. De plus, elles avaient un caractère pénal unilatéral, c'est-à-dire que, si pour le demandeur lésé elles offraient, au moins dans une certaine partie, le caractère *rei persecutio*, relativement au défendeur elles ne présentaient qu'une peine : c'était aussi le caractère de la loi Aquilia.

De là deux conséquences remarquables :

1º Dans les cas où il pouvait y avoir lieu en même temps et à l'action édilicienne et à l'action *de pauperie*, les deux actions se cumulaient pour le tout ; elles pouvaient s'exercer pour le tout, et les condamnations obtenues en vertu de l'une ne venaient pas en déduction de l'autre. C'était l'application de la règle, qui après de longues controverses avait prévalu dans le droit romain ; *Nunquam actiones, præsertim pœnales, de eadem re concurrentes, alia etiam consumit* (L. 60, ff. *De oblig. et act.*; Inst., *Si quadrup.*, § 1).

2º L'action édilicienne ne se transmettait pas contre les héritiers de celui qui avait eu l'animal dangereux (Reg., L. 23, § 8, ff. *Ad leg. Aquiliam*). Au contraire, l'action *de pauperie* se donnait contre les héritiers s'ils étaient encore en possession de l'animal auteur du dommage.

CHAPITRE III.

DISPOSITIONS PÉNALES DESTINÉES A PROTÉGER
LA PROPRIÉTÉ DES ANIMAUX.

Les animaux peuvent être protégés à un double point
de vue : ou comme simple propriété, ou dans un intérêt d'humanité.

Protéger les animaux dans un intérêt d'humanité
n'avait guère pu venir à la pensée des premiers légis-
lateurs de Rome. Cette idée n'était point appropriée
à une législation pour laquelle la personne même
de l'esclave était une chose à la complète disposition
du maître. Aussi tout l'ancien droit ne nous offre
aucune trace de précaution prise pour empêcher les
mauvais traitements envers les animaux de la part
des propriétaires. Sous les empereurs, apparaît pour
la première fois la protection des esclaves, fondée sur
ce qu'il est de l'intérêt de la république que personne
n'use mal de sa chose (Inst., *Ex his qui vel alieni juris
sunt*, § 1).

Deux constitutions de Constantin, des années 315 et
316, contiennent des dispositions de police destinées à
réprimer certains abus ou excès envers les animaux.
La première défend d'employer aux courses publiques
les bœufs de labour, sous une peine laissée à l'arbitraire
des magistrats municipaux si le délinquant est de condition inférieure, et remise au jugement de l'empereur

si le coupable est constitué en dignité (L. 1 C. Théod., *De cursu publico*).

La seconde défend de se servir, pour exciter les animaux employés dans les courses publiques, de bâtons noueux ; elle permet seulement un fouet armé d'un court aiguillon qui chatouille l'animal sans le blesser. La peine est la destitution (*regradatio*) si le coupable est un officier (*promotus*), la déportation si c'est un simple soldat (*munifex*) — (L. 2 C. Théod.).

Si les lois romaines contiennent peu de dispositions pour protéger les animaux contre les mauvais traitements, elles en comprennent beaucoup qui s'appliquent aux droits du propriétaire.

Ainsi le vol, l'enlèvement des animaux donnent lieu aux actions *furti, vi bonorum raptorum*.

Mais les peines ordinaires n'avaient pas toujours paru suffisantes contre les voleurs de bestiaux. On avait fait un crime spécial de la profession de certains malfaiteurs qui dérobaient habituellement les bestiaux dans les pâturages ou dans les vallées : on les appelait *abigei*, et le crime *abigeatus* (ff. *De abigeis*). Pour qu'il y eût crime d'*abigeatus*, il fallait que le vol eût eu lieu en enlevant des troupeaux entiers, ou en prenant certains animaux dans le troupeau dont ils faisaient partie. Le vol d'un animal isolé et détaché de son troupeau ne constituait jamais qu'un simple *furtum*. Quand les animaux étaient pris dans un troupeau, il suffisait qu'un seul fût enlevé pour constituer le crime, s'il s'agissait de grands animaux comme les bœufs ou les chevaux ; pour les brebis, on considérait qu'il en fallait dix ; pour les porcs, quatre ou cinq. Mais si un individu commettait à diverses reprises des vols d'un seul de ces animaux, il devenait encore *abigeus*.

L'*abigeatus* donnait lieu à un *judicium publicum*, et non à une action privée, comme le simple *furtum*. Ce *judicium publicum* pouvait être exercé par toute personne (*cuivis e populo dabatur*), et il tendait à l'application d'une peine corporelle. D'après un rescrit d'Adrien, la peine était la mort par le glaive ; mais elle était réservée pour les cas les plus graves, et pour les pays où les *abigei* étaient le plus répandus. Dans les autres cas, on condamnait aux mines, aux travaux publics, tantôt à perpétuité, tantôt à temps. Les personnages de condition (*honestiores*) n'étaient même punis que de la simple rélégation ou de la perte de leur dignité. Mais, d'autre part, la peine était aggravée pour les *abigei* qui avaient agi à main armée : ils étaient livrés aux bêtes. Quand aux recéleurs, un rescrit de Trajan les frappait de la rélégation hors d'Italie pour dix ans.

La *destruction* des animaux ou les *blessures* dont ils peuvent être l'objet donnent lieu à l'action de la loi Aquilia, d'après les distinctions suivantes :

D'après le premier chef de la loi Aquilia, quiconque a tué sans droit soit un esclave, soit un animal compris sous ces expressions *quadrupedem vel pecudem*, doit payer au propriétaire la plus haute valeur qu'a eue dans l'année cet esclave ou cet animal. La définition de ces expressions *quadrupedem vel pecudem* avait été établie par les jurisconsultes romains. On y comprenait les animaux qui paissaient en troupeau, comme les brebis, les chèvres, les bœufs, les chevaux, les mulets, les ânes, les porcs ; mais on n'y faisait pas rentrer les

animaux sauvages, comme les ours, les lions, les pan-
thères. Quant aux éléphants et aux chameaux, on considérait qu'ils avaient une nature mixte ; quoique fon-
cièrement sauvages, ils étaient regardés comme faisant
office de bêtes de somme, et par conséquent rentraient
dans le premier chef de la loi Aquilia.

Nous n'avons pas à entrer dans tous les cas d'application de la loi Aquilia ; nous avons seulement à indiquer que, lorsque l'estimation rigoureuse de cette loi,
restreinte à la valeur corporelle de l'animal tué, ne
suffisait pas à indemniser complétement le propriétaire,
il obtenait, au moyen de l'action *utile*, tout le montant
de son intérêt : tel était le cas où un cheval faisant
partie d'un attelage était tué. L'action *utile* de la loi
Aquilia permettait d'obtenir non-seulement la valeur
matérielle et isolée de l'animal tué, mais encore l'indemnité pour la dépréciation de l'attelage ; mais dans
aucun cas on ne tenait compte de la simple valeur
d'affection.

Le troisième chef de la loi Aquilia s'appliquait à tout
dommage non prévu par les deux premiers, et par conséquent 1° aux meurtres des animaux qui n'étaient pas
numero pecudum vel quadrupedum, 2° aux blessures
faites à des animaux, quels qu'ils fussent. L'estimation
de l'indemnité ne se faisait pas alors suivant la plus
haute valeur de l'animal dans l'année, mais seulement
dans les trente jours qui avaient précédé le délit. L'action de la loi Aquilia, dans tous les cas, se donnait au
double en cas de dénégation. Elle était *mixte*, puisqu'elle donnait la valeur de la chose, plus, à titre de
peine, une évaluation supplémentaire ; mais on pouvait

aussi la considérer comme pénale pour le tout, en ce
qu'elle ne se donnait pas contre les héritiers du délinquant s'il n'avait retiré aucun profit du délit ; c'est ce
qu'on exprime en la qualifiant d'*action pénale unila-
térale*. Relativement au demandeur, elle contient la *rei
persecutio ;* relativement au défendeur, elle contient
seulement une peine.

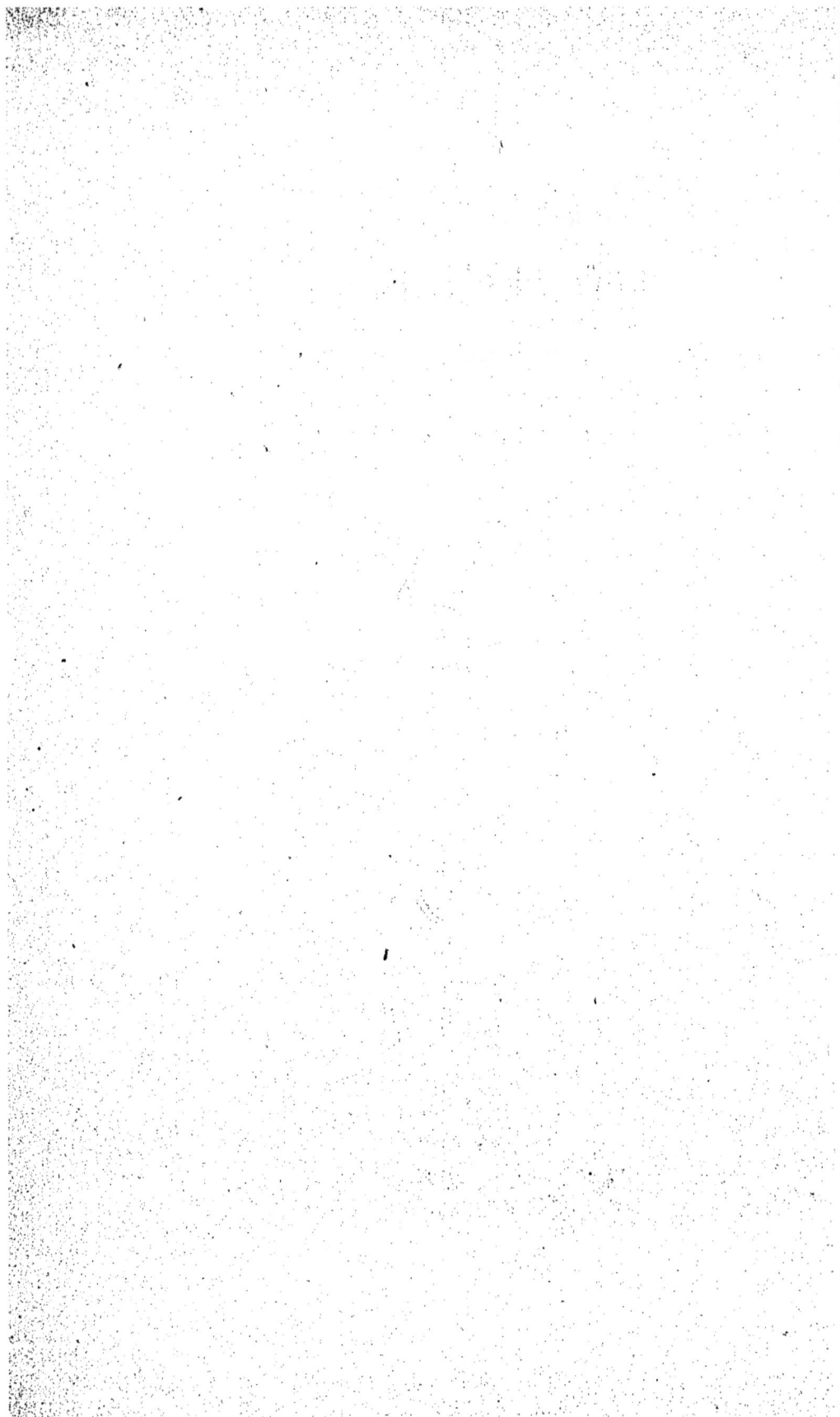

DROIT FRANÇAIS.

—

DES CHEPTELS.

—

PRÉAMBULE.

La loi romaine, nous l'avons vu, avait rangé dans la classe des choses *mancipi*, c'est-à-dire des choses les plus précieuses en valeur, tous les animaux qui, asservis à l'homme, sont associés à ses travaux, *animalia quæ dorso collove domantur*. Nous avons vu également que d'assez nombreuses dispositions témoignent de l'importance que cette législation attachait aux animaux qui paissent en troupeaux. La loi Aquilia les avait compris dans son premier chef, et condamnait celui qui en aurait tué injustement, c'est-à-dire sans droit, à payer au propriétaire la plus haute valeur que l'animal avait eue dans l'année. Adrien, trouvant insuffisantes les peines ordinaires contre les vols de bestiaux, en avait fait un crime spécial ; l'*abigeatus* donnait lieu à un *judicium publicum* et non à une action privée, comme le simple *furtum*. Enfin un assez grand nombre de textes dans le droit de Justinien vient attester

4

que les troupeaux devaient faire fréquemment l'objet de conventions particulières. On peut citer la loi 8 au Code, *De pactis*, où l'on voit qu'un propriétaire fournissait un troupeau à une personne à la condition que les produits en seraient partagés dans une proportion convenue ; puis la loi 52, § 2, ff. *Pro socio* ; la loi 13, § 1, ff. *De præscriptis verbis.*

Toutes ces dispositions prouvent que de tout temps les jurisconsultes romains avaient tennu grand compte des troupeaux. Et comment en aurait-il été autrement dans la législation d'un peuple qui, après avoir été longtemps exclusivement agriculteur, en arriva peu à peu, par suite du défaut de bras laborieux et de l'extension démesurée de la grande propriété, à n'avoir plus d'autre moyen de culture que l'extension immodérée des pacages !

Ce n'est pas ainsi que prétendait appliquer l'art de la culture celui qui, chez les Romains de la république, fut appelé le père de la science de l'agriculture. On sait que, quelqu'un lui ayant demandé quelle était la meilleure manière de faire valoir ses capitaux, Caton répondit : « Avoir de bons pâturages et de nombreux troupeaux : *bene pascere.* » Mais il ne voulait certes pas qu'on abandonnât la culture des terres pour se borner à élever des troupeaux, lui qui n'avait pas dédaigné de faire un traité sur l'art de cultiver ; il considérait bien plutôt les troupeaux comme auxiliaires de l'agriculture, comprenant qu'ils créent une source de richesses qui se combinent avec les produits du sol, et ajoutent à sa fécondité par une heureuse association.

Sous l'ancienne monarchie, on trouve les mêmes

maximes dans la bouche et dans les écrits d'un ministre dont la renommée a toujours été en grandissant, comme la gloire du roi populaire qu'il a servi. Sully, dont la vie et le caractère offriraient bien des points de ressemblance avec Caton l'Ancien, avait pour maxime favorite, comme chacun sait, que labourages et pâturages sont les deux mamelles qui nourrissent la France. Henri IV et son ministre avaient appris à connaître les vraies bases de la fortune publique. Ils n'avaient pas seulement senti, remarque M. Henri Martin, que la France, avec son climat tempéré et varié, avec son sol apte à toute espèce de productions, pouvait et devait être le premier pays agricole de l'Europe ; que là était son premier, son plus grand intérêt ; ils avaient en outre compris les conditions essentielles d'une agriculture florissante. Sully connaissait l'importance des cultures fourragères et de la multiplication des bestiaux, principe de la fécondité des terres; aussi, dès 1595, avait-il fait renouveler l'ancienne défense de saisir pour dettes publiques ou privées la personne des laboureurs, leurs instruments et bestiaux de labour.

Ces idées, justes pour la France en général, l'étaient d'une manière toute particulière pour certaines de nos provinces. Il suffit, pour s'en convaincre, de consulter leurs anciennes coutumes et les écrits de nos anciens jurisconsultes. Coquille, le commentateur de la coutume de Nivernais, nous dit dans son histoire de ce pays : « *Le pays du Nivernais est de soi fort commode pour fournir aux habitants des villes et des champs tout ce qui leur est nécessaire en bons blés, bons vins, pacages pour le bétail, tant au couvert des bois qu'en prairies qui y sont abondantes.* » Plus loin il ajoute : « *Le grand emploi du peuple de ce pays est aux mesnages des champs et de plus en nourriture de bétail.* » De même Thaumas de la Thaumassière, commentateur de la coutume de Berry, remarque dans sa préface que le Berry est très-propre à la nourriture des gros et menus bestiaux, en quoi consiste le principal négoce, trafic et richesse de la province. Un docteur de l'Université de Bourges avait dit en latin avant lui que *earum regionum incolæ bonam partem facultatum in pecore habent, cujuscumque conditionis sint.*

Aussi, dans ces provinces, les animaux en troupeaux étaient si fréquemment l'objet de conventions particulières, que ces conventions reçurent peu à peu dans la pratique un nom spécial, et que les coutumes leur consacrèrent des titres distincts.

Le nom que prirent ces conventions fut tiré des choses mêmes qu'elles avaient pour objet : ce fut celui de cheptel.

Le mot de *cheptel*, autrefois *chetel*, vient de *capitale* ou *captale*, *catallum*, qui, dans le latin du moyen âge, désignait toute espèce de biens meubles, et spécialement le bétail considéré comme troupeau.

Toutefois cette étymologie n'était point universellement acceptée. Delaurière, d'accord avec Coquille, en donne une autre : « Chaptel, dit cet auteur ; cette diction vient de l'achat et prix du bestail pour lequel il est mis en bail. *Non a grege vel capitali, ut Molinæus existimat, quod in suo nomine restituendum sit.* » Quoi qu'il en soit de cette divergence d'opinion sur l'étymologie du mot cheptel, on voit que, soit qu'on accepte l'une, soit qu'on préfère l'autre, le mot rappellera toujours l'idée de troupeau.

Ce terme de cheptel devint une expression générique pour désigner diverses espèces de contrats, qui peuvent se ramener à trois. Les coutumes de Berry, de Nivernais et de Bourbonnais en traitent en détail.

Dans ces contrats, une des parties, qu'on appelait bailleur, fournissait, en totalité ou en partie, à l'autre, qu'on appelait preneur, un fonds de bétail. Ce dernier se chargeait de le nourrir et gouverner pendant un certain temps ; il gardait pour lui les laitages, labeurs et fumiers, et les autres profits, c'est-à-dire les laines et les croîts, ainsi que les pertes, étaient communs à tous deux ou appartenaient à un seul, suivant l'espèce de cheptel convenu, ainsi que nous l'expliquerons.

Les règles de ces différents cheptels furent étudiées en détail dans les coutumes de Bourbonnais, de Nivernais et de Berry, et commentées principalement par Thaumas de la Thaumassière, Coquille et Auroux des Pommiers. Pothier avait aussi fait un traité particulier sur ces contrats.

Enfin, le Code Napoléon leur a consacré le chapitre IV du titre de louage.

Sous la dénomination de louage, dit le tribun Joubert dans son discours devant le Corps législatif, nous comprenons aussi le bail à cheptel, matière digne de tout l'intérêt du législateur. La multiplication des bestiaux, leur conservation, l'amélioration des races, l'augmentation des engrais, les produits des laines, des laitages, quels trésors pour l'agriculture, quelles ressources pour les manufactures, pour le commerce, pour l'industrie, pour les grands propriétaires, pour la classe peu fortunée !

Ce sont ces baux à cheptel dont nous nous proposons d'étudier les règles dans notre ancienne jurisprudence et dans notre Code Napoléon. Nous exposerons d'abord celles de notre ancienne jurisprudence d'une manière aussi complète que possible, parce que notre Code Napoléon n'avait guère à innover en cette matière, et qu'il a dû se borner à fondre en un tout homogène les règles de nos anciennes coutumes, en perfectionnant quelques-unes d'entre elles et en modifiant légèrement quelques autres pour les mettre en harmonie avec les principes nouveaux de notre législation sur la propriété mobilière.

CHAPITRE PREMIER.

DES CHEPTELS DANS NOTRE ANCIENNE JURISPRUDENCE.

Plusieurs coutumes, dans notre ancienne jurisprudence, notamment celles de Berry, de Nivernais et de Bourbonnais, avaient consacré des titres particuliers aux cheptels.

Ce mot, suivant l'étymologie probable que nous avons fait connaître, vient de capitale ou captale, *catalum*, qui, dans le latin du moyen âge, désignait toute espèce de biens meubles, et spécialement le bétail considéré comme troupeau. On l'avait employé ainsi à dénommer les contrats intervenant sur les animaux considérés non pas *ut singuli*, mais *ut universi*, c'est-à-dire comme un être collectif se perpétuant par la reproduction et continuant de subsister malgré la mort successive des individus qui le composent.

Les coutumes et les auteurs qui les ont commentées distinguaient trois espèces de contrats de cheptels :

Le cheptel simple et ordinaire ;
Le cheptel à moitié ;
Le cheptel de fer.

On entendait par cheptel simple et ordinaire le contrat par lequel une personne, qu'on appelait bailleur, fournissait à une autre, qu'on appelait preneur, un cheptel, c'est-à-dire un fonds de bétail, pour le soigner et gouverner pendant un certain temps. Le preneur jouissait pour lui seul du profit des laitages, fumiers, aussi appelés graisses, et labeurs ; les autres profits, tant des laines que des croîts et améliorations des bêtes, devaient se partager entre le bailleur et le preneur, et ils supportaient aussi en commun la perte qui se pouvait trouver à la fin du cheptel, à moins qu'elle n'eût été causée par la faute du preneur, auquel cas elle était tout entière à sa charge.

Le cheptel à moitié était un contrat par lequel chacune des parties contractantes fournissait la moitié des bestiaux qui devaient composer le cheptel, dont elles devaient retirer en commun le profit, à l'exception encore des laitages, fumiers et labeurs, laissés en entier à celui qui se chargeait de la nourriture, de la garde et du gouvernement du bétail, et supporter la perte également en commun, de la même manière que dans le cheptel simple et ordinaire.

Ces deux genres de cheptels peuvent avoir lieu principalement, c'est-à-dire sans se rattacher à un autre contrat, soit accessoirement à un contrat de louage d'immeubles. Ainsi ils peuvent être faits soit entre un propriétaire de bestiaux et une autre personne qui n'est ni son fermier ni son métayer, soit entre un propriétaire d'immeubles et son fermier ou son métayer ou colon partiaire. Les règles sont les mêmes dans l'un et l'autre cas, sauf de légères différences, ainsi que nous le verrons.

Il est bon de remarquer aussi que le cheptel à moitié n'était guère en usage. Rarement se faisait-il tel au moment où il se formait. Quand par hasard il y avait cheptel à moitié, c'était par suite de prélèvements que le preneur avait laissé opérer au profit du bailleur, pour une valeur égale au cheptel, ce qui le rendait commun, en sorte que le cheptel simple s'était converti en cheptel à moitié.

A la différence du cheptel simple et du cheptel à moitié, le cheptel de fer ne peut intervenir qu'accessoirement à un contrat de louage d'immeubles, entre un propriétaire et son fermier ou colon partiaire, le plus habituellement entre un propriétaire et son fermier.

C'est un contrat par lequel le bailleur livre un fonds de bétail, sous une estimation qui en est faite, à son fermier, qui doit en avoir seul le profit pendant tout le temps du bail et qui s'oblige à laisser, à la fin de ce bail, une quantité de bestiaux d'une valeur égale à la somme à laquelle monte l'estimation de ceux qui lui ont été livrés lors du bail.

On voit suffisamment pourquoi ce cheptel est appelé cheptel de fer: c'est non-seulement parce que ce cheptel est attaché à la métairie, mais encore et surtout parce que, d'après la convention des parties, ce cheptel doit être impérissable. Les bestiaux, ainsi livrés, s'appellent *bestes de fer*, disait Beaumanoir, *parce qu'elles ne peuvent mourir à leur seigneur*.

Telles étaient les différentes espèces de cheptels pratiqués dans notre ancienne jurisprudence et très-usités dans quelques-unes de nos provinces.

Nous allons développer les règles de chacun d'eux : nous verrons, dans le cours de nos explications, que ces contrats avaient aussi attiré l'attention des auteurs ecclésiastiques, et que les édits de nos rois les avaient réglementés au point de vue des droits fiscaux.

Les auteurs ecclésiastiques, et surtout l'auteur anonyme des conférences de Paris, soutenaient que dans
ces contrats de cheptels, la clause par laquelle le preneur supporte la moitié de la perte, lorsqu'il y en a,
comme il a la moitié du profit, était une clause illicite
et usuraire, contraire au droit naturel ; il allait même
jusqu'à avancer qu'elle était contraire aux coutumes
du royaume qui traitaient de cette matière, où elle
était au contraire formellement prévue. Pothier avait
victorieusement combattu ces opinions, et cependant
il leur avait fait une concession en déclarant que l'é-
quité de ce contrat, parfaitement licite dans le ressort
des coutumes qui l'autorisaient, pouvait dépendre,
dans les autres, des différentes circonstances des
lieux.

Quant aux édits, ils avaient voulu empêcher qu'un
propriétaire de bestiaux ne puisse se soustraire aux
impositions royales, en mettant la propriété de ses
bestiaux sous le nom d'un autre, au moyen d'un
cheptel simulé : ils avaient, dans ce but, assujetti
les contrats de cheptels à plusieurs formalités que nous
ferons connaître.

Nous aurons à remarquer aussi que les coutumes
avaient tenu compte de la position respective des parties entre lesquelles intervient le contrat de cheptel.
Le cheptelier étant habituellement pauvre et igno-
rant, les coutumes, s'inspirant sans doute de l'adage
nulla est fidelis cum potente societas, avaient cru devoir réglementer le contrat de cheptel de manière
à protéger le cheptelier, et elles avaient, en conséquence, proscrit certaines clauses dont l'insertion

dans le contrat de cheptel aurait pu lui être préjudiciable.

Nous parlerons enfin d'un contrat improprement appelé cheptel, fort usité dans l'Orléanais, et dont Pothier faisait connaître les règles à la fin de son traité des cheptels.

SECTION PREMIÈRE.

DU CHEPTEL SIMPLE ET ORDINAIRE.

Nous avons défini le cheptel simple et ordinaire : un contrat par lequel une des parties, qu'on appelle bailleur, *fournit* à l'autre, qu'on appelle preneur, un cheptel, c'est-à-dire un fonds de bétail, pour le soigner et gouverner pendant un certain temps, à la charge qu'à l'exception des profits de laitages, graisses ou fumiers et labeurs, qui sont laissés en entier au preneur, tous les profits qu'il y aura sur le cheptel, tant de laines que des croîts et améliorations des bêtes, seront communs entre les parties par moitié, comme aussi que si, par des cas fortuits, il se trouvait, à la fin du temps, de la perte sur le cheptel, elle serait pareillement supportée en commun par les parties.

En donnant cette définition, nous ne faisons que reproduire celle de Pothier, sauf la légère substitution du mot *fournit* au mot *donne.* Pothier disait que le cheptel était un contrat par lequel une des parties *donne* à l'autre un cheptel ; nous disons, au contraire, que c'est un contrat par lequel une des parties *fournit.* Nous sommes autorisé par Pothier lui-même à faire

cette modification, car, lorsqu'il étudie les effets de ce
contrat, il déclare que par ce contrat la propriété ne
passe point des mains du bailleur dans celles du preneur ; qu'elle continue de reposer sur la tête du preneur. D'où il suit que dans sa définition il n'a pas entendu prendre le mot *donne* dans son sens technique,
dans le sens qu'avait en droit romain le mot *dare*,
qui signifiait, comme on sait, transférer la propriété.
Le mot *donne*, sous la plume de Pothier, peut donc
être considéré comme une inexactitude, inexactitude
assez légère, facile d'ailleurs à expliquer : le mot *donner*
n'avait point dans notre ancienne jurisprudence le
sens précis, spécial et technique qui lui est aujourd'hui
attribué. D'ailleurs nous verrons plus tard que lors du
partage le preneur peut, lorsque ce partage a été pro-
voqué par le bailleur, devenir, à son choix, propriétaire
de tout le cheptel ou exiger une somme d'argent
pour sa part dans les profits. On pouvait donc à la
rigueur considérer dans notre ancienne jurisprudence
que le preneur acquérait un certain droit sur le cheptel. Par conséquent, tout en reconnaissant que le mot
donne employé pour exprimer l'effet du contrat n'est
pas tout à fait précis, nous n'oserions point le déclarer
entièrement inexact.

Ainsi, on voit par la définition que, dans le cheptel
simple et ordinaire, le bailleur reste propriétaire du
cheptel, c'est-à-dire du fonds de bétail qu'il fournit ;
qu'il fournit ce fonds de bétail au preneur pour l'en
faire jouir pendant un certain temps ; que ce preneur
doit le nourrir, le soigner et gouverner ; qu'il est responsable des pertes arrivées par sa faute, et qu'enfin,

à la fin du cheptel, il doit se faire un partage entre les parties sur les bases convenues entre elles ou établies par la loi.

Par conséquent, en tenant compte de l'observation que nous avons faite, à savoir, que ce contrat intervient le plus ordinairement entre deux parties dont l'une est riche et instruite, et l'autre relativement pauvre et ignorante, et que la loi devait, surtout au moyen âge, époque à laquelle nous nous plaçons, venir au secours de cette dernière, et la protéger contre l'injuste ascendant de l'autre, on comprend que dans notre étude des règles du contrat nous aurons à examiner successivement :

Quelle est la nature et la forme du contrat?

Quels sont ses effets, quelles sont les obligations qu'il engendre de la part du bailleur et de la part du preneur?

Quand et comment le partage peut-il être demandé? d'après quelles règles doit-il se faire?

Enfin, quelles sont les conventions que la loi ne permet pas de faire, qu'elle proscrit comme iniques?

§ Ier.

Nature et forme du cheptel simple.

Cujas et Donneau, sur les lois 13, Dig., *De præscriptis verbis*, et 8, Code, *De pactis*, voyaient dans la convention qui nous occupe un contrat de société.

Coquille, le commentateur de la coutume de Nivernais, n'était point complétement du même avis. Voici comment il s'exprime dans sa 84ᵉ question : « Et ce qu'on dit que tel contrat de bail à chatel est contrat de société s'entend que la société est contractée entre le bailleur et le preneur seulement pour le croît et le profit, et non pour le chatel. Aussi le mot chatel, qui est tiré du vulgaire latin *capitale*, montre que le tout ne va pas par même règle, et que le chatel demeure en autre nature que le croît et le profit. Le chatel demeure propre au bailleur ; le croît et le profit sont communs entre le bailleur et le preneur. » Puis il cite Salicet disant sur la loi 8, Code, *De pactis*, « que quand tout le bétail n'est pas commun, ainz seulement le croît et le profit ; que quant au chatel, *est contractus innominatus*, et quant au croît et profit, que c'est société. » Il remarquait également, sur l'art. 1ᵉʳ du chap. XXI de la coutume, que le contrat de bail à cheptel n'est pas pur de société, mais tient de contrat non nommé approchant de location. Aussi, ajoutait-il, la loi romaine en parle en deux divers titres, au titre *De pactis*, au Code, et au titre *Pro socio*, au Digeste.

Pothier, faisant l'éclectisme de nos coutumes, faisait dépendre la nature de ce contrat de l'intention des parties contractantes. Lorsque l'intention du bailleur avait été de demeurer seul propriétaire du fonds du cheptel, il déclarait que le cheptel devait, en ce cas, être considéré comme un contrat innomé, tenant plutôt du bail que de la société. Le bailleur, disait-il, donne pour un certain temps au preneur son cheptel à garder, et même quelquefois à nourrir et loger, moyennant une certaine récompense ou loyer que le bailleur lui donne, qui consiste dans les profits de laitages, fu-

miers et labeurs des animaux. Mais il se peut, au contraire, que l'intention des parties contractantes ait été
que le bailleur, en fournissant le cheptel, le fournisse
tant pour lui que pour le preneur, savoir : la moitié
pour lui et en son nom, et l'autre moitié pour le preneur, à qui il en fait ainsi l'avance. Le contrat devait
alors être considéré, disait Pothier, comme un contrat
de société de bestiaux; le fonds du bétail devenait
commun entre les deux parties; le preneur en était
fait propriétaire pour moitié, et était seulement
débiteur envers le bailleur du prix de la moitié du
cheptel que le bailleur lui avait avancé.

Cette distinction de Pothier est loin d'être juste; on
peut lui adresser plusieurs critiques. Et d'abord sup-
poser que l'intention du bailleur a été de fournir le
cheptel tant pour lui que pour le preneur, c'était évidemment se placer en dehors de la vérité, c'était attribuer aux parties une intention qu'en fait elles n'a-
vaient pas eue, c'était introduire une fiction. Or cette
fiction n'avait pas sa raison d'être, puisqu'elle n'avait
aucune utilité; elle n'avait pas d'utilité, puisque, soit
que le bailleur ait entendu rester propriétaire, soit
qu'il ait voulu fournir le cheptel pour lui et pour le
preneur, les règles à suivre, les conséquences à en
tirer étaient les mêmes. La seule utilité qu'en tirait
Pothier, c'était que, dans un cas, il considérait le contrat comme une société ; dans l'autre, comme un bail,
tout en lui appliquant cependant les mêmes règles dans
l'un et l'autre cas. En sorte qu'il paraîtrait, d'après les
explications que donne Pothier, si toutefois nous les
saisissons bien, si nous ne nous égarons pas en vou-

lant pénétrer dans sa pensée intime, que, suivant lui, le cheptel ne peut être considéré comme une société qu'à la condition que le preneur apporte, lui aussi, une part dans le fonds du bétail. C'est bien là, croyons-nous, ce que pensait Pothier, puisqu'il prévoit lui-même l'objection qu'on pourrait faire à sa doctrine. Il dit, en effet : « On dira peut-être que le preneur n'a pas besoin, pour être associé pour moitié, d'apporter à la société la moitié des bestiaux qui en doivent composer le fonds, puisque, se chargeant seul de la garde du bétail et même de la nourriture et de l'hébergement, lorsqu'il n'est pas le métayer du bailleur, ces choses lui doivent tenir lieu de la part qu'il doit apporter à la société. » Puis, réfutant cette objection, il dit que le preneur est suffisamment récompensé par la société, pendant qu'elle dure, par les profits des laitages, fumiers et labeurs des animaux, lesquels lui sont laissés pour la récompense de ces choses, et ne tombent point en partage entre les parties ; que, par conséquent, le preneur, pour être associé pour moitié et avoir droit à la moitié des profits de toutes les laines, des croîts et de l'amélioration des animaux, doit fournir à la société la moitié des bestiaux qui doivent composer le fonds du cheptel.

Or c'est là, à notre avis, considérer le contrat de cheptel sous un faux point de vue, c'est l'apprécier d'une manière inexacte. Il n'est point vrai qu'il est indispensable que le preneur fournisse à la société la moitié des bestiaux qui doivent composer le fonds du cheptel pour être associé pour moitié : un associé peut n'apporter à la société, pour sa part, que son industrie, et avoir cependant droit au partage des profits. Il y a plus, en n'apportant que son industrie, un des associés peut être admis au partage des profits et être exempté de la contribution aux pertes. Or, ici, le cheptelier apporte non-seulement son industrie, mais, en outre, lorsque le contrat de cheptel est principal, c'est-à-dire ne se rattache point à un louage d'immeuble, il fournit l'hébergement et la nourriture du troupeau; il y a plus, il supporte la moitié des risques du cheptel fourni par le bailleur. Il y a donc bien réellement apport de sa part, et on ne saurait, dès lors, soutenir sans erreur que le contrat du cheptel ne peut être considéré comme un contrat de société qu'à la condition que le preneur apporte sa part des bestiaux qui doivent composer le cheptel.

Si Pothier s'est trompé sur ce point, il est évident qu'il n'a pas été mieux inspiré en avançant que, lorsque l'intention du bailleur a été de demeurer seul propriétaire du fonds du cheptel, le cheptel doit être considéré comme un contrat innomé, *tenant plutôt du bail que de la société.* Sans doute, le contrat de cheptel participe du contrat de louage : il participe tout à la fois du bail à ferme et du louage d'ouvrage : du bail à ferme, puisque le preneur reçoit des choses qui produisent des fruits naturels et qu'il doit rendre au bout d'un certain temps ; du louage d'ouvrage, puisque ce contrat a en partie pour objet les soins réels que le preneur est tenu de donner à la chose. Mais est-il bien vrai que le cheptel se rapproche plus du bail que de la société ? Les observations qui précèdent nous porteraient à croire le contraire, et, au besoin, les règles qui président au partage que les parties doivent faire viendraient apporter un appoint à cette opinion. D'ailleurs, en admettant que le cheptel tient plus du louage que de la société, ce ne serait certes pas du louage d'ouvrage, ainsi que le dit Pothier, que ce contrat se rapprocherait le plus, mais bien plutôt du louage de choses.

En concluant sur ce point, nous disons que la divergence des opinions qui s'étaient manifestées sur ce contrat nous montre que le cheptel est un contrat mixte, dans la nature duquel se réunissent de nombreux éléments ; qu'il participe tout à la fois du bail à ferme, du louage d'ouvrage, des contrats aléatoires et du contrat de société ; qu'il nous paraît assez inutile de rechercher minutieusement quel est, entre les éléments complexes qui se rencontrent dans ce contrat, celui qui reste dominant ; que cependant, si nous avions à nous prononcer, nous serions porté à lui trouver plus d'affinités avec le contrat de société qu'avec tout autre. Mais, pour nous, c'est bien plutôt un contrat particulier, ayant ses règles propres, spéciales.

Cette manière d'envisager le cheptel nous paraît conforme à la vérité historique. Pendant longtemps, ce contrat s'est pratiqué, vraisemblablement, sans avoir de nom particulier ; le plus souvent, il intervenait à la suite d'un louage d'immeuble, et on était alors naturellement porté à l'assimiler au louage, tout en lui appliquant des règles particulières ; quelquefois aussi il avait lieu principalement, et alors les conventions des parties durent le réglementer avec soin ; puis, comme il devint très-fréquent dans quelques-unes de nos provinces, comme généralement les conventions des par-

ties qui le réglementaient s'écartaient assez sensible-
ment du droit commun, le besoin dut se faire sentir de
lui donner un nom spécial ; et ce nom, on l'emprunta aux
choses mêmes qui faisaient l'objet du contrat, c'est-à-
dire aux animaux considérés en troupeaux, en cheptel.
Dès lors, en tenant compte de cette circonstance que
le plus souvent ce contrat était accessoire à un contrat
de louage, et peut-être aussi de ce qu'il était nécessaire
pour sa parfaite formation que les animaux eussent été
baillés, c'est-à-dire livrés, on investit ce contrat du nom
de *bail à cheptel*, qu'il porte encore aujourd'hui.

Par ce que nous venons de dire, que le contrat du
cheptel exige, pour sa parfaite formation, que les animaux aient été livrés, on voit que nous considérons
ce contrat plutôt comme *réel* que comme purement
consensuel. Ce point demande toutefois quelques explications, dans lesquelles nous allons examiner quel
intérêt s'attache à la question, ce qu'en pensaient les
auteurs qui, dans notre ancienne jurisprudence, ont
écrit sur les cheptels, et enfin quelles raisons nous déterminent à voir dans ce contrat plutôt un contrat
réel qu'un contrat purement consensuel.

L'intérêt de la question ne se dégage pas tout d'a-
bord d'une manière très-nette. En effet, déjà dans notre
ancienne jurisprudence on s'était affranchi des règles
rigoureuses du droit romain sur la formation des contrats, et il était de principe que le simple consentement
des parties était une cause suffisante d'obligation civile.
Il est bien certain par conséquent que, du moment où
il y avait eu accord de volonté, un contrat était formé,
que les parties étaient liées, que des obligations étaient

engendrées. Cela est incontestable ; mais la question n'est pas là ; la question est de savoir si les obligations engendrées par le consentement des parties sont les obligations qui naissent des conventions en général, ou, au contraire, les obligations qui résultent spécialement du contrat de cheptel, telles que la définition que nous en avons donnée nous les a fait connaître. Notamment les risques du troupeau seront-ils à la charge de chacune des parties contractantes, dès qu'il y a eu convention, et avant même que le bailleur les ait livrés au preneur? Si on décide que le simple consentement suffit pour former le contrat de cheptel, il faudra faire supporter au preneur ces risques dès le moment du consentement ; si, au contraire, on admet que ce contrat exige pour sa parfaite formation, pour l'application de toutes ses règles, qu'il y ait eu tradition, on décidera que la perte qui interviendrait dans l'intervalle du temps qui peut séparer le consentement de la tradition devra être supportée par le bailleur seul.

Les anciens auteurs ne nous paraissent pas avoir arrêté leur attention d'une manière spéciale sur ce point ; peut-être même la question ne s'était-elle pas réellement formulée dans leur esprit. Coquille dit bien sur l'art. 11 du titre des cheptels de la coutume de Nivernais : « ..... *semble que ce contrat désire bail et tradition réelle ;* » d'où il semblerait résulter que pour lui le contrat est bien un contrat réel ; mais la lecture du paragraphe entier montre que dans ce passage il n'a point eu l'intention de décider si le contrat est réel ou consensuel. Voici, en effet, le passage en entier : « ..... *semble que ce contrat désire bail et tradition réelle, pour être le bétail transféré d'une main à autre. Et s'il avient que l'homme de village, ayant son bétail propre à luy, vende son bétail, et au même instant le reprenne à cheptel de l'acheteur, il faut juger ex causa et par les circonstances si c'est vrai bail à cheptel. A sçavoir si le bétail est acheté à prix raisonnable, et n'y ait aucune paction insolite et trop avantageuse, je dirai que c'est vray bail à chaptel. Mais s'il y a vilité de prix ou clause désavantageuse, je diray que ce sera engagement, et, en ce cas, les profits devront être précomptés au sort principal, comme si c'était deniers prestés sur gage, avec stipulation d'intérêts. »*

On voit, par cette lecture, que la question que se pose Coquille est uniquement celle de savoir si une personne peut vendre son bétail et le prendre à cheptel, s'il n'y a pas un contrat usuraire dans de pareilles conventions; mais il ne se prononce point sur le point de savoir si ce contrat est consensuel ou réel.

Pothier, de son côté, donne bien au cheptel, ainsi que nous l'avons vu, la définition d'un contrat réel, mais nulle part il ne qualifie ce contrat de contrat réel, et, dans son paragraphe consacré à la forme du contrat, il dit qu'il n'est assujetti à aucune forme; qu'il peut, vis-à-vis des parties contractantes, être fait, même verbalement, lorsqu'elles ne disconviennent pas de la convention.

Malgré cela, nous croyons que, pour nos anciens auteurs, le contrat de cheptel était un contrat réel; qu'ils considéraient la tradition comme indispensable pour lui donner toute sa perfection, et que s'ils n'avaient pas pris soin de le dire en termes formels, c'est que

cela ne pouvait pas faire de doute. En effet, il est à remarquer que le passage de Coquille, que nous avons
cité, se trouve au-dessous de l'art. 11 de la coutume
de Nivernais, ainsi conçu : « *Le contrat de chaptel est de
telle nature que le bailleur baille et fournit le bétail,* »
or lorsque, au-dessous de ce texte si formel, Coquille
vient dire : « *semble que ce contrat désire bail et tradition réelle,* » il est bien probable que pour lui le
contrat était un contrat réel; que le seul point à examiner était celui de savoir si la tradition exigée devait
être une tradition réelle, ou si, au contraire, on pouvait
se contenter d'une tradition feinte. Quant à Pothier,
nous avons vu qu'il donnait au cheptel la définition d'un
contrat réel, et, lorsqu'il parle de la forme du contrat,
le point qui paraît le préoccuper est celui de savoir si
ce contrat, qui n'est assujetti à aucune forme entre les
parties contractantes, peut produire son effet vis-à-vis
des tiers, sans avoir besoin d'être revêtu d'aucune formalité, et on ne peut par conséquent rien préjuger de
ce qu'il dit en cet endroit contre le caractère réel du
contrat; d'ailleurs, quand il en étudie les effets, il suppose la tradition déjà effectuée, puisqu'il ne dit rien de
l'obligation de livrer. Il considérait donc bien, ainsi
que Coquille, le contrat de cheptel comme un contrat
réel.

Et nous ajouterons que le contrat de cheptel devait
être bien certainement un contrat réel, ne produisant tous ses effets que par la tradition. En effet,
il suffit, pour s'en convaincre, de considérer la nature des obligations qu'il engendre : le preneur s'engage à veiller à la conservation du troupeau, et à le

représenter quand le moment du partage sera venu. Ne trouvons-nous pas là le caractère commun des contrats réels? n'y a-t-il pas sur ce point une analogie frappante avec le commodat, le dépôt et le gage? En outre, cette autre obligation du preneur de prendre à sa charge la moitié des pertes survenues par cas fortuit, de supporter la moitié des risques, ne révèle-t-elle pas suffisamment le caractère réel du contrat? A quelle cause, à quelle considération cette règle doit-elle sa naissance, sa raison d'être, si ce n'est que dans ces contrats les bailleurs veulent intéresser fortement les preneurs à veiller avec tous les soins possibles à la conservation du cheptel? C'est principalement pour atteindre ce but que vraisemblablement s'était introduite la règle d'après laquelle le preneur supporte la moitié des risques, règle si attaquée par les auteurs du droit canonique, comme nous le verrons. Eh bien, si cette règle paraissait trop rigoureuse en elle-même, n'y aurait-il pas eu excès de rigueur à rendre le preneur responsable des pertes, avant même qu'on lui ait livré les animaux; à mettre à sa charge les risques, avant même qu'on l'ait mis à même de veiller à la conservation? Évidemment telle n'était pas la législation de nos coutumes; évidemment elles considéraient le cheptel comme un contrat réel, et si les coutumes de Berry et de Bourbonnais gardent le silence sur ce point, l'art. 2 de la coutume de Nivernais le décide dans notre sens, et, quoique sa disposition ne dise pas littéralement que le contrat est réel, elle nous paraît assez énergique pour ne laisser aucun doute et pour pouvoir être invoquée, comme droit commun.

Nous pouvons encore tirer argument en faveur de cette opinion de la formule dans laquelle étaient rédigés les contrats de cheptel. M. Guyot, dans son répertoire de jurisprudence, nous l'a conservée, et nous en donnons en note le commencement (1). On y peut voir qu'on s'y réfère à une tradition déjà effectuée, que de plus le preneur y reconnaît avoir les animaux en sa possession.

Ces observations sur la nature du contrat nous permettront d'être bref sur sa forme.

A l'égard des parties contractantes, ce contrat n'est assujetti à aucune forme, sinon, ainsi que nous venons de le voir, qu'il exige la tradition par sa parfaite formation. En outre, comme le bailleur doit, à la fin du cheptel, au partage qui s'en fera, prélever le montant de la valeur des bestiaux qu'il a donnés à cheptel, il est bon d'en faire, lors du contrat, une prisée pour reconnaître quelle en était la valeur lors de ce contrat. Mais l'importance de cette estimation, toute grande quelle peut être, n'a trait qu'à la facilité de faire la preuve. Entre les parties contractantes, le contrat n'a besoin d'être revêtu d'aucune formalité pour avoir son exécution; il en est de même à l'égard

(1) FORMULE D'UN SIMPLE CHEPTEL :

Par-devant les notaires royaux, etc., fut présent Louis ***; demeurant en cette ville, rue....., paroisse S***;

Lequel a reconnu avoir baillé, à titre de cheptel simple, pour trois années consécutives, qui ont commencé ce jourd'hui, à François ***, laboureur à....., à ce présent et acceptant, vingt brebis et quatre béliers appartenant audit bailleur, et qui sont distingués par (telle marque); plus six vaches, etc....., que ledit François *** déclare avoir en sa possession.

des tiers, sauf une exception importante et remarquable relativement aux impôts, à l'égard des revenus des impositions.

Coquille, dans son histoire du Nivernais, au chapitre de *l'assiette et naturel du pays de Nivernais, et de l'état et règlement du peuple d'iceluy*, explique très-bien comment les tailles pesaient lourdement sur ces provinces, où les cheptels étaient fréquents : « Est à remarquer, dit-il, qu'au temps que les tailles du roi furent mises en ordinaire, qui fut durant le règne du roi Charles VII, ce qui est aujourd'hui le meilleur, plus riche et plus peuplé pays de France, était, lors dudit établissement des tailles en ordinaire, désert, pauvre et dépeuplé, parce qu'il avait été continuellement ravagé par les armées de François et Anglois ; et ce pays de Nivernais, par la protection et sage conduite des seigneurs comtes de Nevers, qui lors étaient sous la protection des ducs de Bourgogne, fut conservé de ces foules et oppressions. Or les tailles s'imposaient selon le nombre des feux, d'où vient qu'on les appelle encore fuaige : les pays lors dépeuplés et pauvres furent peu chargés ; le pays de Nivernais, qui lors était bien peuplé et n'avait été foulé, fut plus chargé ; les autres provinces se sont repeuplées et enrichies, et ce païs s'est dépeuplé et appauvry : qui est cause que depuis soixante ans il s'est trouvé chargé démesurément et sans aucune proportion à l'égard des autres provinces ; parce que on n'a pas pratiqué cette ancienne règle et proportion du nombre de feux ; mais on a seulement eu égard aux quotitez des sommes qui étaient en ce premier et ancien département. Ainsi le païs se dépeu-

plant par les famines, mortalités et charges, et ne re-
cevant aucuns nouveaux habitants, pour le mauvais état
auquel il était, il s'affaiblit et appauvrit d'an en an et
à vue d'œil. »

Ce tableau que nous trace Coquille doit faire sup-
poser qu'il arrivait souvent que les petits propriétaires
de bestiaux de ces contrées cherchaient à se soustraire
aux impositions, même par la fraude. Ils avaient dans
les cheptels un moyen facile d'y arriver : c'était de si-
muler des contrats de cheptels ; par ce moyen, ils se
représentaient aux receveurs des impositions comme
chepteliers et non comme propriétaires, et s'oppo-
saient à la saisie des bestiaux. — Des règlements, des
arrêts de conseil de 1506, de 1665, de 1690 avaient déjà
été portés pour déjouer cette fraude ; un édit du mois
d'octobre 1719 vint, pour y parvenir, assujettir définitivement les contrats de cheptel à plusieurs formalités.
Cet édit exigea pour que le bailleur pût s'opposer à la
saisie des bestiaux dans les mains du preneur :

1° Que le bail à cheptel fût passé par-devant no-
taire ;

2° Que l'acte contînt le nombre, l'âge et le poil des
bestiaux donnés à cheptel ;

3° Qu'il fût contrôlé dans la quinzaine ;

4° Que les baux à cheptel fussent publiés aux prônes
des paroisses où les preneurs étaient domiciliés, ou, à
la porte de l'église, à l'issue de la messe de paroisse,
conformément à la déclaration du 16 décembre 1698 ;

5° Que les baux à cheptel fussent enregistrés sans
frais au greffe de l'élection dans deux mois à compter
du jour où ils avaient été passés.

Enfin, par l'art. 18, il était défendu aux officiers des élections d'avoir aucun égard aux baux à cheptel s'ils n'étaient revêtus de ces formalités, et ils ne pouvaient, à peine de nullité, en admettre la preuve par écriture privée ni par témoins. Lorsque les formes prescrites avaient été observées, le bailleur pouvait, en représentant son bail, obtenir la mainlevée des saisies des bestiaux, quand même ces saisies auraient eu pour objet la taille ou les autres impositions dues par le preneur. Il y avait néanmoins une restriction au sujet de la taille : pour cette imposition, le cinquième du cheptel pouvait être saisi et vendu à la requête du receveur; mais ce privilége accordé à la taille ne s'étendait ni à l'impôt du sel, ni aux autres deniers royaux; il était défendu de saisir pour ces objets aucune portion du cheptel, à peine de nullité, de cent livres d'amende et de tous dépens, dommages et intérêts.

§ II.

Obligations qui naissent du contrat de cheptel simple.

Par le contrat de cheptel les parties contractent l'une envers l'autre des obligations réciproques :

Le bailleur s'oblige à faire jouir le preneur du fonds de bétail, et aussi par conséquent à le garantir des troubles que des tiers apporteraient à sa jouissance.

Le preneur s'oblige à veiller avec soin à la garde et au gouvernement du bétail; il doit tenir compte au bailleur de la perte qui arriverait par sa faute, et sup-

porter sa part de celle qui surviendrait par cas fortuit ;
il s'engage enfin à ne point disposer des laines, à ne
point divertir ni vendre aucune des bêtes du cheptel à
l'insu et sans le consentement du bailleur ; et, pour
sanction de cette défense qui lui est faite de divertir les
bêtes du cheptel sans le consentement du bailleur, les
coutumes confèrent au bailleur un droit de suite tant
contre ceux qui auraient acheté ces bêtes, que contre
ceux qui s'en trouveraient en possession.

Nous allons examiner successivement ces effets du
contrat de cheptel, et ce droit de suite dont est investi
le bailleur.

Dans l'étude des obligations du bailleur, nous aurons
à nous prononcer sur le point de savoir si le cheptelier
peut former opposition à la saisie que viendraient faire
les créanciers du bailleur, et demander que les bêtes
ne puissent être vendues qu'à la charge par l'adjudicataire d'entretenir le bail à cheptel ; nous aurons aussi
à décider si le bailleur, garant de l'éviction, l'est égal-
lement des défauts cachés qui enlèveraient toute valeur
aux animaux.

L'exposé des obligations du cheptelier nous donnera
occasion de parler de la grande controverse qu'avaient
soulevée les auteurs ecclésiastiques prétendant que la
règle d'après laquelle le cheptelier doit supporter la
moitié des risques était illicite et usuraire ; enfin, dans
la divergence des opinions de nos anciens jurisconsultes sur le droit de suite, nous verrons l'enfantement
de la règle de notre droit moderne : En fait de meubles
possession vaut titre.

Voyons d'abord les obligations du bailleur.

Nous avons dit qu'il était obligé de faire jouir le preneur, et nous n'avons fait en cela que reproduire ce que dit Pothier. Toutefois nous ne pensons point que cette manière de s'exprimer soit complétement exacte. L'obligation dont est tenu le bailleur envers le cheptelier n'est point absolument la même que celle du locateur envers son locataire. Le locateur, outre l'obligation de n'apporter aucun trouble à la jouissance du locataire, de le garantir de ceux qui pourraient y être apportés par d'autres, ainsi que des défauts qui en empêcheraient complètement l'usage, contracte encore l'obligation d'entretenir la chose de telle manière que le locataire puisse en jouir. Or, il ne saurait en être ainsi du bailleur à cheptel. Il n'est pas assurément assujetti à entretenir le cheptel de telle manière que le cheptelier puisse en jouir, puisque le cheptelier doit non-seulement nourrir et héberger le troupeau, mais encore apporter ses soins à sa garde et à son gouvernement, et que ce cheptel est d'ailleurs aux risques communs des parties. Si donc les bêtes du cheptel venaient à contracter des maladies qui exigeraient les soins du vétérinaire, ce serait au cheptelier et non au bailleur à les faire soigner à ses frais. L'obligation du bailleur, par conséquent, n'est point, comme celle du locataire, de faire jouir, mais plutôt, comme celle du nu-propriétaire, de laisser jouir, avec cette différence toutefois que l'usufruitier a sur la chose un démembrement de droit de propriété dont n'est point investi le cheptelier. On pourrait peut-être assimiler l'obligation du bailleur à cheptel à celle d'un associé qui mettrait dans la société la jouissance d'une chose, tandis que son coassocié fournirait son industrie, et s'engagerait à apporter à ses frais les soins nécessaires à la conservation de la chose.

Au lieu de dire, comme les auteurs, que le bailleur est obligé de faire jouir le preneur, il serait donc plus exact de dire qu'il s'engage à ce que la tradition qu'il lui fait le mette à même de jouir du cheptel.

Cette locution exprimerait mieux, il nous semble, la nature des obligations du bailleur. En même temps qu'elle ferait connaître que ce bailleur n'est point tenu de faire jouir le preneur, comme un locateur est tenu de faire jouir un conducteur, elle montrerait que, comme ce dernier, le cheptelier a droit à une tradition efficace pour qu'il puisse jouir du cheptel livré, et que, par conséquent, garantie lui est due pour les vices ou défauts cachés des animaux qui leur enlèveraient toute valeur, ou une grande partie des avantages que le cheptelier pouvait en espérer, et aussi pour les troubles apportés à sa jouissance.

Nous disons que la garantie est due pour les vices ou défauts cachés qui enlèveraient toute valeur aux animaux ou une grande partie des avantages que le cheptelier pouvait en espérer. C'est là un point dont ne traitent point les auteurs, et il y a lieu de le regretter, car il ne laisse pas d'être délicat et de susciter quelques hésitations dans l'esprit. Pour l'examiner, il faut distinguer entre les vices existant déjà au temps du contrat, et ceux qui ne surviendraient que postérieurement.

Il est bien certain que ces derniers ne donnent pas lieu à la garantie. Un bailleur ordinaire la devrait; mais nous venons de faire remarquer qu'il n'est point exact de dire que le bailleur à cheptel est obligé de faire jouir, et que le cheptel est aux risques des deux parties.

Que faut-il décider au contraire pour les vices existant déjà au temps du contrat, soit que quelques bêtes du cheptel en soient seules atteintes, soit que le troupeau en soit atteint tout entier? le bailleur devra-t-il garantie? La raison de douter, surtout pour le cas où il n'y a que quelques bêtes qui soient atteintes, c'est que dans le cheptel les animaux sont livrés non pas *ut singuli*, mais *ut universi*, comme formant une agrégation; que d'ailleurs le cheptelier prend sur lui pour moitié les risques de la chose. Mais ces raisons ne doivent point faire impression. Ce qui doit dominer dans le cheptel, c'est l'application des principes de l'équité; à défaut de dispositions textuelles, il faut interpréter *ex æquo et bono*. Or, ne serait-ce pas heurter directement toutes les notions de l'équité que de faire supporter au cheptelier la perte d'un animal dont la vie était déjà condamnée lorsque la tradition lui en a été faite, que de le forcer à garder un animal qui ne peut lui être d'aucune utilité? Remarquons que, lors du contrat, une estimation a dû être faite du cheptel; or, si les animaux estimés étaient atteints de vices qui en diminueraient considérablement la valeur, il y avait dans l'estimation donnée plus qu'une inexactitude, il y avait erreur sur la substance. Enfin, on ne peut pas invoquer, pour refuser au cheptelier toute garantie, l'obligation dont il est tenu de supporter les risques pour moitié; il est de toute évidence que les risques que le cheptelier s'engage à supporter pour sa part sont seulement ceux qui proviendraient de pertes ou détériorations postérieures au contrat, et non ceux dont la cause existait déjà au moment de sa formation.

Nous pensons donc que, malgré le silence de nos coutumes et des auteurs sur ce point, on n'aurait point hésité dans notre ancienne jurisprudence à décider que le bailleur à cheptel devait garantie au preneur de ces vices ou défauts cachés des animaux, et, sans nous appesantir davantage sur ce point, qui devrait se régler, ainsi que nous l'avons dit, *ex æquo et bono*, nous pouvons passer à l'étude de la garantie des troubles qui seraient apportés à sa jouissance.

Que le bailleur doive cette garantie au preneur, conformément au droit commun, cela n'est pas douteux. Ainsi, si un tiers, se prétendant propriétaire des bestiaux donnés à cheptel, venait à les revendiquer, ce qui pouvait facilement arriver dans notre ancienne jurisprudence, puisque les meubles en général ne se prescrivaient que comme les immeubles, le preneur, troublé dans sa jouissance, pouvait assurément agir en garantie contre le bailleur. Il n'est pas douteux non plus que, quand les créanciers du bailleur saisissaient les bêtes du cheptel, le preneur avait action contre le bailleur, pour qu'il lui en rapportât mainlevée.

Mais, sur ce point, on peut se demander, comme nous l'avons annoncé, si le preneur ne serait pas fondé à former lui-même opposition à la saisie, et à prétendre que les bêtes ne peuvent être vendues qu'à la charge par l'adjudicataire d'entretenir le bail à cheptel. De même aussi que faudrait-il décider si le bailleur vendait tout ou partie du troupeau après l'avoir donné à cheptel ?

L'acheteur, qui, nous le savons, ne devenait propriétaire, dans notre ancienne jurisprudence, que par la tradition, pouvait-il se faire mettre en possession malgré l'opposition du cheptelier ?

Cette question de savoir si les créanciers des bailleurs avaient le droit de saisir le cheptel entre les mains du preneur, était diversement résolue, dans l'ancien droit.

Voici comment Coquille la résolvait, à la fin de son commentaire sur l'art. 16 au titre *des cheptels* de la coutume de Nivernais : « *Semble que le preneur chaptelier peut s'opposer et empêcher que la vente soit simplement faite, c'est-à-dire à ce qu'il soit dit que le droit du bailleur seulement sera vendu sans préjudicier n'y toucher au droit du preneur, c'est à-dire que celuy qui achètera sera subrogé au droit du bailleur pour être sujet à compte et entrer en même raison avec le preneur comme devrait faire le bailleur, et avec les mêmes circonstances des temps et autres. Imo le preneur, par le moyen de son opposition, pourra empêcher le déplacement; car il a son droit in re ipsa, et ès mêmes corps pour y prendre moitié du profit après le chaptel payé et ne doit être dépossédé non plus qu'un tiers détenteur; car il n'est pas débiteur de celuy qui fait faire l'exécution. Et si on veut priser et compter pour scavoir quelle est la part et quel est le droit du bailleur, il faut venir sur le même lieu où est le bétail.* »

Revenant sur ce point dans sa quatre-vingt-neu-

6

vième question , il s'exprime en termes encore plus formels :

« *Le preneur a son droit en et sur le même bétail,* dit-il, *pour prendre la moitié au croît et profit, et pour en prendre les commoditez du lait , des gresses et du labourage, pour ce droit à lui appartenant, qui n'est pas simple droit personnel contre le bailleur , mais droit réel en la même chose,* sive dicamus jus proprietatis, *pour la moitié du croît et du profit ;* sive jus hypotheca, vel retentionis *sur le reste du bétail, qu'il a pris en sa charge et garde , et pour ne lui pouvoir être ôté intempestivement. Doncques, si le créancier du bailleur fait saisir le bétail, qui est en la puissance du preneur, ledit preneur, en premier lieu, peut empêcher le déplacement ; car il est tiers non obligé, et* jure suo insistit rei *, et encore pour empêcher la vente, sinon que l'acheteur se charge et se rende sujet aux mêmes conditions qu'était le bailleur , qui sont entre autres d'être sujet à compte , et de ne pouvoir exiguer et lui ôter le bétail, sinon en temps opportun. Car le créancier ne peut avoir plus de droit en ce bétail, qu'avait le debteur sur lequel il le fait saisir , et ne peut faire saisir et vendre sinon tel droit qui appartient à son debteur.* »

Ainsi Coquille ne reconnaissait pas aux créanciers du bailleur, et vraisemblablement il n'aurait pas reconnu davantage à son acheteur, le droit de saisir le cheptel. Les raisons qu'il donnait étaient que les créanciers du bailleur ne pouvaient pas avoir plus de droit que lui, et qu'en outre le cheptelier avait un droit réel sur la chose.

Cette manière de voir n'était point partagée par les autres auteurs. Thaumas de la Thaumassière, Billon, Guyot, soutenaient, au contraire, que les créanciers du bailleur pouvaient, sans attendre la fin du bail, saisir et vendre les bêtes du cheptel, et que le preneur ne pouvait y former opposition que pour la part qu'il avait dans les croîts et profits. Le bailleur est toujours, disaient-ils, nonobstant le bail, propriétaire du cheptel. L'obligation qu'il contracte d'en faire jouir le preneur ne donne à ce preneur, ainsi que celle qui dérive d'un bail à loyer ou d'un bail à ferme, qu'une créance et une action purement personnelle, sans lui attribuer aucun droit dans la chose qui fait l'objet de l'obligation. Le bail ne transfère pas la *moindre ombre de propriété* au cheptelier, dit Billon. Or, dès que le preneur n'a aucun droit dans le cheptel, il ne peut être fondé à s'opposer à la saisie qu'en ont fait les créanciers du bailleur à qui le cheptel appartient, ni à empêcher la vente. Ce serait une chimère de sa part que de le prétendre, ajoute l'auteur que nous venons de citer.

Pothier avait adopté la même opinion, déclarant qu'elle lui paraissait plus conforme aux principes du droit.

C'est également dans ce sens que s'était prononcée la jurisprudence des présidiaux, sauf, toutefois, celui de Moulins qui décidait conformément à l'avis de Coquille.

Si, après cet exposé des opinions des anciens auteurs et des raisons par eux alléguées, nous voulons nous hasarder à choisir entre les deux systèmes, nous donnerons la préférence à celui de Coquille. Quoiqu'il

paraisse qu'il n'ait pas eu grande faveur dans notre
ancienne jurisprudence, et que de nos jours les auteurs
modernes inclinent à penser que celui de Pothier était
en effet, comme il le disait, plus conforme aux principes du droit, nous croyons cependant pouvoir justifier la préférence que nous lui accordons. Mais il nous
faut pour cela entrer dans d'assez longs développements, car nous nous proposons de prouver, en premier lieu, qu'à s'en tenir uniquement aux raisons invoquées dans l'un et l'autre système, celles invoquées
par Coquille étaient réellement plus convaincantes;
ensuite, en second lieu, et surtout qu'à examiner la
question de plus haut, en recherchant les vrais principes desquels devait découler la solution, le système
de Pothier ne reposait en réalité que sur un raisonnement, très-spécieux si l'on veut, mais prenant son point
de départ et son appui sur une règle qui, pour être
incontestable, n'en était pas moins contraire aux vrais
principes de droit.

Et d'abord, les raisons de Coquille, disons-nous,
étaient plus convaincantes. Il suffit, pour être contraint
à en convenir, de mettre en présence les raisons des
deux systèmes.

Coquille disait que les créanciers du bailleur ne
pouvaient pas saisir le cheptel malgré le preneur,
parce que le bailleur ne le pouvait pas lui-même,
et que les créances d'une personne ne peuvent pas
avoir plus de droit qu'elle. A cette première raison,
on se contentait de répondre, dans l'autre système,
que le preneur n'avait point de droit réel, et que
par suite il pouvait être expulsé. Or, ne peut-on pas

soutenir que ce n'était pas là répondre directement à la question, que c'était même faire une pétition de principes, puisque la question consiste précisément à rechercher si le preneur ne peut pas s'opposer à la saisie, quoiqu'il ne soit pas investi d'un droit réel ? et d'ailleurs, ne peut-on pas opposer à cet argument que les créanciers du bailleur n'ont pas eu non plus de droit réel ?

Coquille ajoutait (dans son Commentaire sur la coutume) : « D'ailleurs, le preneur a son droit *in re ipsa.* » Oh ! sur ce point, les partisans de l'autre système triomphent : le bail ne confère aucune ombre de propriété, disent-ils ; le bailleur continue à être propriétaire, et ils en tirent la conséquence que ses créanciers peuvent saisir. Nous ne voulons point, pour le moment, rechercher si cette conséquence est juste, conforme aux vrais principes du droit ; c'est en examinant la question au second point de vue que nous avons indiqué, que nous le ferons. Ce que nous devons faire remarquer ici, c'est que les partisans du système opposé à Coquille ne se référaient vraisemblablement qu'à ce qu'il avait écrit dans son Commentaire sur la coutume, et, ne tenant aucun compte de ce qu'il disait dans sa 87e question, ils lui prêtaient une pensée qu'il était loin d'avoir. Coquille ne disait point que le bail à cheptel engendrait par lui-même un droit réel au profit du cheptelier. Loin de là ! il faisait remarquer, comme on l'a vu, que par le bail à cheptel le bailleur et le preneur sont respectivement obligés l'un envers l'autre, et que le cheptel demeure propre au bailleur. Seulement, comme par ce contrat le preneur a droit à la moitié des croîts et profits, il est bien certain qu'il a, non pas, bien entendu, sur le cheptel, mais sur cette moitié, des croîts et profits, un droit réel, et que ce droit réel est même le droit de propriété ; en outre, comme il est chargé de nourrir et héberger le cheptel, qu'il fait par conséquent des dépenses pour lui, Coquille avait ingénieusement déduit de là un droit de rétention au profit du preneur. Il était assurément très-logique de déduire ce droit de rétention, et sa légitimité ne saurait être contestée. Or, si la logique, si les règles du droit veulent qu'on admette ce droit de rétention, il faut bien reconnaître au preneur le droit de retenir la chose ; il faut bien lui reconnaître, par conséquent, le droit de s'opposer à la saisie qu'on voudraient faire les créanciers du bailleur. A cela que répondait-on de la part des auteurs partisans de l'autre système ? Rien. Ils n'avaient point aperçu, comme le judicieux Coquille, que, bien que le contrat de cheptel ne conférât par lui-même au preneur aucun droit réel, son exécution donnait forcément naissance, à son profit, à un droit de rétention très-légitime, et dont il pouvait dès lors se prévaloir contre ceux qui voulaient l'attaquer du chef du bailleur.

On le voit donc, les raisons données par Coquille étaient véritablement plus convaincantes ; elles auraient dû amener ses adversaires à se ranger à son opinion : car, nous croyons l'avoir fait remarquer, Coquille n'attaquait point le fond du système qui lui était opposé ; il ne soutenait point que le preneur n'avait pas besoin d'avoir un droit réel pour pouvoir écarter les créanciers du bailleur ; il admettait parfaitement ce raisonnement, qui ne résiste pas cependant, croyons-nous, à un véritable examen, à savoir que le preneur, n'ayant pas de droit réel, devait souffrir la saisie faite par les créanciers du bailleur; il démontrait, au contraire, que le preneur était un locataire dans une position particulière, dans une position telle qu'un droit de rétention était engendré à son profit.

Et maintenant, pour compléter la justification de la préférence que nous accordons à l'opinion de Coquille, demandons-nous si le raisonnement sur lequel Pothier étayait la sienne était juste, était, comme il le disait, conforme aux principes du droit, ou si, au contraire, il n'était pas erroné, contraire aux vrais principes, si la règle du droit romain sur laquelle il s'appuyait n'était pas irrationnelle, tout en étant incontestable dans son existence.

Quelle est, en effet, cette règle qui était le fondement de la doctrine de toute l'ancienne jurisprudence ? Elle se trouve déposée dans la loi 9 au Code, *Loc.* D'après cette loi, l'acheteur d'un immeuble loué ou affermé n'était pas tenu de maintenir le bail consenti par son vendeur ; il pouvait expulser le preneur qu'il trouvait sur le fonds, et celui-ci n'avait que le droit d'exercer un recours contre le bailleur ou son héritier, et ce que cette loi établissait ainsi pour l'acheteur, d'autres textes nombreux le disaient pour le légataire, le donataire, l'usufruitier. (V. les ll. 32, ff. *Loc. cond.*; 120, § 2, ff. *De legatis* 1°; 59, § 1, ff. *De usuf.*)

Voilà la règle sur laquelle était fondée l'opinion de Billon, Guyot, Thaumas de la Thaumassière et Pothier, et c'est cette règle incontestable dans son existence, comme nous l'avons dit, puisqu'elle est formulée en termes précis dans plusieurs lois, que nous voudrions contrôler, que nous voudrions soumettre à l'examen, pour montrer qu'elle n'aurait pas dû être ratifiée par les auteurs.

Notre ancienne jurisprudence l'avait acceptée sans examen, sans rechercher si elle n'était pas contraire à la science de droit, si on ne devait pas la rejeter en lui appliquant la maxime si juste : *quod contra ratio-nem juris receptum est, non producendum est ad con-sequentias.* Et comment en aurait-il été autrement? comment dans notre ancienne jurisprudence aurait-on demandé à ces règles leur raison d'être ? Un maître, sur l'autorité duquel on était habitué à se reposer, dont les opinions passaient en article de foi, Cujas, ne l'avait-il pas donnée, cette raison d'être? *Et hæc ratio est,* dit-il (Ulp., *Resp.*, lib., II, sur la loi 120), *quia colonus non habet jus in re quam conduxit; legatarius vero, dona-tarius, fructuarius, emptor, habent jus in re. Et merito igitur præferuntur colono.* Ainsi le locataire n'a qu'un droit personnel, il n'a pas de droit réel: donc le légataire, le donataire, l'usufruitier, l'acheteur ou locateur peuvent l'expulser. Voilà ce que nous enseigne Cujas. Nous ferons remarquer immédiatement, en passant, et sans nous y arrêter pour le moment, que Cujas commettait une première erreur bien palpable en disant que l'acheteur avait un droit réel. En droit romain, nous le savons, l'acheteur ne devenait pro-priétaire que par la tradition. Cette simple réflexion aurait dû mettre les esprits en garde contre l'explica-tion donnée.

Quoi qu'il en soit, c'est en partant du point de vue de Cujas que Billon, la Thaumassière, Pothier, décidaient que le cheptelier ne pouvait pas s'opposer à la saisie du cheptel que venaient faire entre ses mains les créanciers du bailleur. « La règle était vraie en droit romain, attestée par de nombreux textes ; elle était incontestable, du moins pour les locations d'immeubles; mais elle n'aurait pas dû être admise ! La règle était vraie, était incontestable, mais l'explication qu'en donnait Cujas n'était pas exacte. » Voilà ce que nous voulons démontrer.

Nous ne nous dissimulons pas qu'il y a grande hardiesse de notre part à entreprendre une pareille tâche; nous croyons cependant devoir le faire parce que nous pensons que si nous parvenions à triompher des difficultés et à établir les règles qui nous semblent les vraies, nous aurions du même coup trouvé la solution de plusieurs questions qui suscitent des controverses, et montré notamment que l'art. 1743 de notre Code Napoléon, sur lequel on discute tant, n'est en définitive que le retour aux vrais principes du droit, principes qui, après avoir été méconnus en droit romain et dans notre ancienne jurisprudence, avaient probablement été entrevus par Coquille, lorsqu'il disait que les créanciers d'une personne ne peuvent pas avoir les droits qu'elle n'a pas elle-même, principes que les rédacteurs de notre code Napoléon, obéissant à la force de la vérité, ont enfin retrouvés, et qu'ils ont déposés dans l'art. 1743.

C'est là le résultat que nous voudrions atteindre, en démontrant que la règle que nous avons énoncée n'aurait pas dû être admise et que l'explication donnée par Cujas n'était pas exacte.

Et d'abord cette règle, disons-nous, n'aurait pas dû être admise. Pour le prouver, examinons-la successivement dans son application à l'acheteur, d'une part, puis à un légataire, donataire ou usufruitier, d'autre part.

Le point de vue ne peut pas être le même, puisque, ainsi que nous l'avons dit, et malgré l'assertion contraire de Cujas, l'acheteur n'a qu'une créance contre son vendeur, tandis que le légataire devient par l'effet de son legs propriétaire.

Ainsi une personne achète un immeuble qui avait été précédemment loué par le vendeur et qui au moment de la vente se trouve dans les mains du locataire: l'acheteur, dit la loi romaine, peut expulser le locataire, et celui-ci n'a de recours que contre le vendeur : cela était-il juste? Non, répondons-nous, et la preuve est facile à fournir. Examinons, en effet, la position des diverses parties du propriétaire tout à la fois vendeur et locateur, du locataire, de l'acheteur. Le propriétaire s'est d'abord obligé envers le locataire à le faire jouir de la chose : le locataire, par le contrat de bail, a donc acquis sur le propriétaire le droit personnel de le contraindre à le faire jouir ; il a acquis une créance. Le propriétaire s'est ensuite obligé envers l'acheteur à lui faire avoir la chose à titre de propriétaire, *rem sibi habere licere :* l'acheteur a donc acquis sur lui le droit personnel de le contraindre à lui livrer la chose, pour qu'il l'ait à titre de propriétaire ; a-t-il acquis un autre droit?

non évidemment ; en droit romain , il est de principe que *obligationum substantia non in eo consistit , ut aliquod corpus nostrum, aut servitutem nostram fuerat , sed ut alium nobis astringat ad dandum aliquid , vel faciendum, vel præstandum :* l'acheteur a donc acquis une créance, et rien qu'une créance. Supposons , pour un moment, qu'aucune de ces deux obligations du propriétaire tout à la fois vendeur et locateur ne soit exécutée. Dans quelle position seront vis-à-vis de lui respectivement le locataire et l'acheteur ? Évidemment ils seront dans une position égale : l'un , le locataire, a sur le propriétaire locateur une créance *ad præstandam rem*, et l'autre, l'acheteur, une créance *ad dandam rem;* or, en cas de concours sur le débiteur commun, l'une de ces créances ne devrait point être préférable à l'autre ; une créance n'est point privilégiée par cela seul qu'elle consiste *ad dandum*, tandis qu'une autre ne le serait pas uniquement parce qu'elle ne consiste que *ad præstandum.* L'une et l'autre, en cas d'inexécution, devraient se résoudre en dommages-intérêts : nulle part nous ne voyons une cause de préférence résultant uniquement de ce qu'une obligation a plus de valeur qu'une autre. Avant qu'aucune exécution ne soit intervenue , les deux parties, le locataire et l'acheteur, devraient donc être , nous le répétons , dans une position égale. Supposons maintenant qu'une de ces deux obligations, n'importe laquelle , soit exécutée sans qu'il y ait fraude , c'est-à-dire sans que celui au profit duquel il y a exécution ait su qu'une autre obligation n'avait déjà été contractée par son débiteur envers une autre persor e, relativement à la même chose : que dirons-nous alors ? Évidemment nous dirons qu'il a reçu ce qui lui était dû, *suum recepit;* qu'il y a eu paye-ment. Et ce payement sera-t-il valable ? Évidemment, puisque nous le supposons fait sans fraude. Si c'est l'acheteur auquel la chose a été livrée, au profit duquel l'exécution a eu lieu, évidemment le loca-taire ne pourra pas venir l'inquiéter ; il n'aura de recours à exercer que contre celui avec lequel il a contracté, contre le propriétaire. Il n'y a point de doute là-dessus, on est d'accord : pourquoi donc en serait-il autrement dans le cas où l'exécution aurait eu lieu au profit du locataire, dans le cas où ce serait à lui que la chose aurait été livrée ? On ne pourrait en fournir aucune raison. Lui aussi ne pourrait-il pas dire : j'ai reçu ce qui m'était dû, *meum recepi,* j'ai reçu mon payement, et le payement que j'ai reçu est valable, car je l'ai reçu sans aucune fraude ? Dans l'un comme dans l'autre cas ne peut-on pas dire : *in pari causa melior est causa possidentis?* Sans doute, nous ne voulons pas dire que le locataire a le droit de se considérer comme possesseur : nous savons qu'il n'est pas possesseur ; nous ne prenons pas ici la maxime *In pari causa melior est causa possidentis* dans son véritable sens ; on empruntait ici cette maxime, nous la détournons de sa véritable signification, uniquement pour nous faire mieux comprendre, pour exprimer cette idée qui nous semble juste, à savoir que, lorsqu'un des créanciers d'une personne reçoit son payement, si ce payement est valablement fait, et fait sans fraude, il n'a pas à subir les conséquences de l'impossibilité dans laquelle pourrait se trouver plus tard le débiteur de remplir ses autres obligations.

Ainsi nous ne croyons point que la règle d'après laquelle l'acheteur peut expulser le locataire preneur, règle formulée dans la loi 9, Code, *Locat.*, en ces termes: *Emptorem fundi necesse non est stare colono*, soit conforme aux principes généraux.

Pourquoi existait-elle en droit romain ? C'est ce que nous essayerons de dire un peu plus loin. Pour le moment, nous croyons avoir démontré que cette règle, appliquée à l'acheteur, qui n'a, pas plus que le locataire, de droit réel, était irrationnelle.

Mais il nous faut aller plus loin ; il nous faut établir que le légataire, le donataire à cause de mort, l'usufruitier, n'aurait pas dû avoir, pas plus qu l'acheteur, le droit d'expulser le locataire entré en jouissance ; que le droit réel dont ils sont investis du chef du locateur n'aurait pas dû pouvoir leur conférer cette faculté. Car autrement, si nous ne prouvions pas que c'était faire un faux raisonnement, un raisonnement contraire aux principes généraux du droit que de dire : « le légataire, l'usufruitier ont un droit réel, et, d'autre part, acquérant à titre particulier, ils ne succèdent pas aux obligations de leur auteur, donc ils peuvent expulser le locataire, » on pourrait peut-être, pour l'acheteur, nous donner l'explication suivante :

Le légataire, l'usufruitier, pourrait-on dire, ont le droit d'expulser le locataire : or l'acheteur doit avoir le même droit ; sans doute, il ne devient pas immédiatement propriétaire par la vente, mais il était juste de lui conférer, malgré cela, le droit d'expulser le locataire, et

cela par une raison bien simple tirée de l'histoire du droit romain : le droit de l'acheteur, pourrait-on nous dire, se rattache à la vente *per æs et libram ;* il découle de la mancipation. Quand la propriété se transférait par la mancipation, l'acheteur devenait propriétaire immédiatement, indépendamment de toute tradition ; il avait le droit réel ; il pouvait expulser le locataire. Plus tard, la mancipation a disparu, remplacée par la simple *emptio venditio,* qui, elle, il est vrai, ne transférait pas immédiatement la propriété ; mais, malgré ce changement, on continua à appliquer la même règle ; on continua à permettre à l'acheteur d'expulser le locataire, comme le pouvait autrefois l'acquéreur *per mancipationem.*

Nous croyons bien, en effet, que si le droit romain avait reconnu à l'acheteur le droit d'expulser le preneur, c'était parce qu'autrefois l'acquéreur devenait propriétaire immédiatement par la mancipation, par souvenir de cette mancipation ; et nous touchons peut-être ici à la véritable raison de la théorie romaine, théorie qui trouverait ainsi son explication et sa raison d'être dans l'énergie singulière du droit de propriété qui se révèle jusque dans la formule même de la transmission: « *Aio hanc rem esse meam et ea mihi empta est hoc ære æneaque libra,* » comparée au droit assez précaire qui résulte du bail pour le locataire ; dans l'organisation de ce droit de propriété si énergique que, malgré tous les adoucissements, toutes les modifications, l'empreinte n'en a jamais été complétement effacée, et dont on trouverait ainsi un dernier vestige dans les termes de la loi 9, Code, *Locat. :*

« *Emptorem fundi necesse non habet stare colono.* »

Mais tout cela ne nous touche guère ; car ce que nous voulons démontrer, c'est précisément que cette conséquence tirée du droit réel, à savoir que celui qui a un droit réel sur la chose n'a point à tenir compte du droit qu'une autre personne peut avoir relativement à la chose, était irrationnelle, contraire à ses principes, sur lesquels les jurisconsultes romains avaient cherché à asseoir la science du droit : *jus est ars boni et æqui.*

Et pour cela reproduisons de nouveau l'explication donnée à la règle que nous attaquons, non point par les jurisconsultes romains, qui ne s'étaient nullement mis en peine de chercher une justification, mais par Cujas.

Cujas disait : « *Emptorem fundi necesse non est stare colono, et hæc ratio est quia colonus non habet jus in re quam conduxit; legatarius vero, donatarius, fructuarius, emptor, habent jus in re. Et merito igitur præferuntur colono.* »

Il nous faut prouver que ce n'est pas *merito ;* que c'est, au contraire, à tort que Cujas a dit : « *Et merito præferuntur colono.* »

Le raisonnement de Cujas revient à dire : Le droit réel est un droit qui confère la faculté de retirer directement d'une chose l'utilité totale ou partielle qu'elle peut procurer : ce droit met en rapport direct et immédiat avec la chose, sans intermédiaire de personne ; il est absolu, opposable à tout le monde ; il s'exerce *erga omnes.* Le droit personnel, au contraire, est un droit qui confère la faculté de contraindre une personne à donner, à faire ou à ne pas faire ; il met en rapport direct et immédiat avec la personne et non avec la chose sur laquelle il ne porte que médiatement; il n'est que relatif, ne s'exerce que sur la personne obligée. D'un autre côté, celui qui acquiert d'une personne, à titre particulier, ne succède point à ses obligations : donc le légataire qui acquiert à titre particulier le droit réel de propriété de la chose louée pourra exercer directement son droit sur la chose d'une manière absolue ; et, n'étant pas tenu d'entretenir le bail, puisqu'il ne succède point aux obligations du bailleur, il pourra expulser le preneur, qui n'a qu'un droit personnel, un droit sur la personne du locateur pour le contraindre à le faire jouir.

Or, ce raisonnement, quoique très-spécieux, n'est peut-être pas exact. C'est peut-être l'apparence qu'on prend pour la réalité quand on avance que le droit réel est un droit absolu, qu'il existe à l'égard de tous, tandis que le droit personnel, moins respectable apparemment, ne serait que relatif, n'existerait qu'à l'égard de la personne passive de ce droit? Nous croyons qu'on peut soutenir que tout droit, du moment qu'il existe, existe à l'égard de tous, et doit être protégé, au besoin, contre chacun. Chacun est tenu de s'abstenir de porter atteinte à la jouissance et à l'exercice d'un droit légitimement acquis ; il ne doit pas y avoir de droit plus absolu l'un que l'autre. Quand une personne est créancière, cela est vrai non-seulement pour son débiteur, mais aussi pour tout autre. La seule différence qui puisse exister à cet égard entre le droit réel et le droit personnel, c'est que, dans le droit réel, aucune personne quelconque n'en est passive individuellement, tandis que, dans le droit personnel, indépendamment de la masse de tous les hommes, de toutes les personnes obligées de s'abstenir, de laisser le créancier retirer librement les profits, les avantages de sa créance, il y a, en outre, une personne qui en est le sujet individuellement passif. D'autres différences, il n'y en a pas, il ne peut pas y en avoir. Voyons maintenant comment on doit raisonner dans l'espèce que nous avons à examiner : Titius a loué son immeuble ; le locataire est entré en jouissance ; puis Titius vient à mourir, léguant la propriété de l'immeuble à Aulus Agerius, par exemple : Aulus Agerius, devenu propriétaire par l'effet du legs, doit-il avoir le droit d'expulser le locataire? Oui, dit-on, parce qu'il vient d'acquérir du chef du propriétaire locateur un droit réel, un droit de propriété ; le locataire, au contraire, n'avait acquis du chef du propriétaire qu'un droit personnel. En admettant que cette conséquence soit conforme aux principes, pourrait-on s'empêcher d'en être surpris? Le propriétaire locateur n'aurait pas pu, c'est bien certain, expulser le preneur ; il ne pouvait avoir ce droit, puisqu'il était obligé, comme tout autre et plus que tout autre, de respecter le droit du locataire, et voilà que ce droit qu'il n'avait pas, il a pu le conférer à un autre, qui n'est même pas tenu d'indemniser le locataire du préjudice qui va lui être causé : il a pu conférer plus de droit qu'il n'en avait! On ne peut nier assurément que cette conséquence, si par hasard elle était conforme aux principes, serait en même temps contraire à l'équité. Examinons donc si elle est réellement conforme aux principes, si ce droit du légataire, qui est

7

un droit de propriété, lui confère la faculté de violer le droit du locataire, que nous reconnaissons bien n'être qu'un droit personnel. Que s'est-il passé? Le propriétaire a loué sa chose, il a mis son locataire en jouissance : il a commencé à exécuter, par conséquent, et il continue chaque jour à exécuter l'obligation qu'il a contractée de faire jouir son locataire : il n'en demeure pas moins plein et entier propriétaire ; le locataire n'a acquis de lui aucun droit réel, c'est certain. Seulement ce propriétaire a renoncé, moyennant un certain prix, en faveur du locataire, à tous les avantages que lui conférait son droit de propriété ; il a renoncé momentanément à en jouir. Il y a plus, il s'est engagé à en faire jouir à sa place son locataire. Le locataire n'a acquis ainsi aucun démembrement du droit de propriété, c'est bien certain, nous le répétons ; ce qu'il a acquis, ce qu'il a voulu acquérir, ce n'est pas un droit réel qui le mettrait seulement en rapport avec la chose ; ce qu'il a acquis, ce qu'il a voulu acquérir, c'est le droit de jouir du droit de propriété de celui qui lui a loué la chose ; c'est bien plus même : c'est le droit de contraindre le propriétaire de faire en sorte que lui, locataire, puisse en retirer librement tous les avantages. Or, si le locataire a acquis ce droit légitimement, c'est-à-dire si celui qui le lui a conféré avait pouvoir de le faire, ce droit existe certainement à son profit, et dès lors personne ne doit pouvoir y porter atteinte ; il faudrait, pour cela, attaquer son droit, le contester, prouvé qu'il est mal fondé ; mais, nous le répétons, si le droit du locataire a été légitimement acquis, il doit être, comme tout autre droit, inviolable. Par conséquent, lorsque le proprié-

taire locateur viendra à mourir en léguant à Aulus
Agerius son immeuble loué, Aulus Agerius deviendra bien, sans doute, en vertu de son legs, propriétaire de l'immeuble loué : il aura la propriété pleine et
entière, sans aucun démembrement; mais le locataire
doit-il cesser pour cela d'avoir le droit de retirer tous
les avantages de ce droit de propriété pendant un certain temps, pendant tout le temps pour lequel a été
fait son bail? Pendant tout ce temps, le droit du légataire devenu propriétaire ne doit-il pas être paralysé
dans ses mains, comme il l'était dans les mains du
propriétaire qui vient de mourir? Il nous semble
que si, car personne ne pouvait dépouiller le locataire de son droit, et il n'y a pas de raison pour que
le légataire le puisse plus qu'un autre. Que le légataire soit propriétaire plein et entier, cela n'est pas
douteux ; mais il n'était pas douteux non plus que le
défunt, son auteur, était propriétaire plein et entier, et
cependant il ne pouvait pas empêcher le locataire de
jouir : pourquoi donc le légataire, qui tient ses droits
de lui, le pourrait-il ?

Mais alors, dira-t-on, le légataire succède donc,
quant à l'immeuble loué, aux obligations de son
auteur? Pas le moins du monde, répondons-nous;
et c'est là qu'éclate une nouvelle confusion dans le
raisonnement que nous combattons. Cette confusion
consiste à ne pas mettre de différence entre l'obligation générale dont est tenue toute personne, sans
exception, de s'abstenir de porter atteinte à un droit
légitimement existant , et l'obligation spéciale dont
on peut être tenu de faire quelque chose au profit

de quelqu'un. Nous ne disons pas , il s'en faut , que le légataire soit obligé de remplir l'obligation du locateur , duquel il tient la chose, qu'il est obligé de faire jouir le locataire ; nous disons seulement, et c'est bien différent, que ce légataire est tenu de respecter le droit du locataire, qu'il ne peut pas le lui enlever, et il est tenu de le respecter non point parçe qu'il est légataire, mais uniquement parce que tout le monde est tenu de le respecter. Le locataire ne lui demande pas l'exécution d'une obligation, il lui demande seulement de s'abstenir de violer son droit, dont il est en possession paisible, et qu'on ne peut faire tomber qu'en produisant la preuve qu'il a été illégalement acquis. Que si ce locataire avait quelque chose à réclamer pour pouvoir jouir utilement de la chose louée, dont le propriétaire s'est engagé à le faire jouir, comme par exemple certaines réparations à l'immeuble, et qu'il s'adressât au légataire, celui-ci pourrait certes lui répondre qu'il ne le connaît pas, qu'il n'est tenu d'aucune obligation envers lui, qu'il n'a point succédé aux obligations du défunt : c'est contre les héritiers du propriétaire défunt que le locataire devrait intenter sa demande ; ce sont eux, en effet, et non le légataire de l'immeuble, qui continuent la personne du défunt. Mais est-ce de cela qu'il s'agit ? Non, évidemment. Résulte-t-il de là que le légataire peut méconnaître le droit du locataire qui ne lui demande qu'une abstention ? Non évidemment. On le voit donc, on n'aurait pas dû trouver conforme aux principes que le locataire pût être expulsé par un acheteur, par un légataire, par un usufruitier acquérant leur droit du propriétaire même qui avait consenti le bail ;

c'est à tort que Cujas a dit « *Legatarius , donatarius ,
fructuarius, emptor* merito *præferuntur colono.* »

Et si les principes du droit n'exigeaient point nécessairement qu'il en fût ainsi, cette règle était-elle au
moins en harmonie avec les notions de l'équité? Pas
davantage. Il est évident, en effet, que l'équité aurait
demandé, au contraire, le respect des droits du locataire, cela n'a pas besoin de démonstration. Y avait-il
au moins des motifs d'utilité, d'intérêt général, des
raisons d'économie sociale, à ce que l'acheteur, le légataire eussent la faculté de ne tenir aucun compte du
droit du locataire? Non encore. Il serait étrange que
l'utilité générale, l'intérêt social fussent en désaccord
avec l'équité. On a bien dit que la faculté d'expulser le
locataire facilitait la circulation des biens, que la né-
cessité de respecter son droit pouvait l'entraver ; mais
la considération de cette entrave, assez peu forte d'ailleurs, serait d'un poids bien minime en comparaison
des inconvénients que présenterait, dans la pratique,
l'exercice du droit d'expulser le locataire. Et d'abord
l'exercice du recours de ce locataire contre le bailleur
ne peut-il pas donner lieu à des contestations touchant
le règlement des dommages-intérêts? En outre, la
perspective d'une expulsion qui peut, à chaque instant,
survenir, n'ôtera-t-elle pas à ce locataire la sécurité
dont il aurait besoin pour se livrer à des travaux
d'amélioration? et, sous ce rapport, l'intérêt de l'agriculture ne serait-il pas sacrifié par la règle qu'un
acheteur pourrait expulser le locataire?

Enfin cette règle , que Cujas et Pothier avaient
trouvée conforme au principe du droit, se recomman-

dait-elle, à défaut de raisons véritables, par des appa-
rences : par une apparence d'équité, par une apparence d'utilité, par une apparence de raison? Pour
avoir la réponse à cette question, il suffirait de consulter le bon sens populaire. Qu'on interroge une
personne quelconque, prise au hasard , parmi celles
qui n'ont fait aucune étude sur le droit, et elle
répondra, sans hésiter, que certainement un acheteur
ne doit pas pouvoir venir expulser un locataire qui
est en jouissance. Comment se fait-il donc que la
règle contraire ait été incontestable dans le droit
romain, cette raison écrite, comme on l'a dit? comment se fait-il donc que notre jurisprudence l'ait adoptée sans examen? que Cujas et Pothier l'aient déclarée,
sans hésiter, conforme aux principes du droit? C'est
ce que nous voudrions rechercher en quelques mots
pour en finir sur ce point.

L'explication que peut-être on peut en donner pour
le droit romain, nous croyons l'avoir indiquée plus
haut, lorsque nous avons dit que cette règle tenait sans
doute à l'organisation énergique du droit de propriété
à Rome, à son caractère singulier de force, lorsque ce
droit portait le nom de *mancipium*, comparé au droit
assez précaire, assez chancelant , que le locataire pui-
sait dans le contrat de louage. Longtemps à Rome, on le
sait, la propriété du fonds, à moins d'être consacrée
par le temps, n'a pu être transférée que par des modes
solennels, notamment par la mancipation. La formule
sacramentelle de cet acte révélait à elle seule l'importance et l'énergie du droit qui se transmettait ; en
présence de cinq témoins et d'un libripens qui

représentaient probablement les six classes de la société, l'acheteur disait : *Aio hanc rem esse meam et ecce ea mihi empta est hoc œre œneaque libra.* Aussi, l'acte accompli, la chose devenait sienne ; il avait sur elle un pouvoir absolu. De quel poids pouvait être relativement le droit du locataire? Ce droit n'était point attesté par la société entière, car il n'était que le résultat d'un simple consentement manifesté sans solennité, et suivi d'une simple tradition dépourvue également de tout caractère solennel; il ne pouvait donc pas être consacré, sanctionné par la société comme le droit de propriété, dont la transmission ne s'était opérée qu'avec le concours de la société tout entière, qui, par les cinq témoins et le libripens, s'en était portée garante tout entière. Aussi voyons-nous que le locateur, à Rome, pouvait reprendre sa chose sur le locataire lorsqu'il prouvait en avoir besoin. Le locataire n'acquérait donc qu'un droit assez précaire. Qu'y a-t-il d'étonnant alors que l'acheteur pût, dans cette législation, expulser le locataire ?

Une observation bien simple pourrait venir à l'appui de cette explication.

Tous les textes qui permettent d'expulser le locataire se réfèrent tous à un locataire d'immeubles. On peut voir les lois 32, ff. *Locat. cond.;* 120, § 2, ff. *De legatis,* 12, 59, § 1, ff. *De usuf.,* et aussi la fameuse loi *Emptorem t. locat.* Toutes parlent d'un locataire d'immeubles : pourquoi ne trouve-t-on aucun texte consacrant la même règle pour les locations de meubles? La raison en est simple, croyons-nous, si l'on veut se reporter à cette époque où la propriété des choses mancipées ne se transférait que par la mancipation ou la *cessio in jure*. La raison, c'est que la question ne pouvait pas naître pour les choses mobilières *mancipi*. En effet, Gaïus nous dit pour les fonds : « *Prædia solent* absentia *mancipari ;* » on pouvait donc les manciper, en transférer la propriété, alors même qu'ils étaient dans les mains d'un locataire. Pour les choses mobilières *mancipi*, il n'en était pas ainsi. Gaïus nous dit pour elles : « *Nisi in præsentia sint, mancipari non possunt.* » S'ils sont dans les mains d'un locataire, on ne peut donc pas les manciper ; si la chose mobilière qui est dans les mains d'un locataire ne peut pas être acquise, il ne peut pas être question d'expulser ce locataire. Il en était ainsi pour les choses mobilières *nec mancipi :* or ne pouvait les acquérir que par la tradition ; pour faire la tradition, il fallait avoir la chose dans ses mains. Si elle est dans les mains d'un locataire, on ne peut donc la livrer. Or, à l'origine, nous l'avons dit, l'acheteur devait être propriétaire pour pouvoir expulser le locataire. On le voit donc, la question ne pouvait pas naître pour les choses mobilières : voilà pourquoi les textes ne parlent que des immeubles. Et de ce que les textes ne parlent que des immeubles, on peut conjecturer, il nous semble, que si les Romains avaient permis à l'acheteur d'expulser le locataire, c'était par respect des conséquences que le vieux droit romain avait tirées de la mancipation.

Une autre observation peut encore donner quelque consistance à cette conjecture : la loi 9, § 1, *De usuf.*, qui confère à l'usufruitier le droit d'expulser le locataire, dit que ce droit lui est attribué *ad exem-*

plum venditionis. C'est donc au profit de l'acheteur propriétaire que la règle a été admise à l'origine.

Il est facile d'expliquer aussi comment notre ancienne jurisprudence avait accepté ces règles sans protester, comment elle les avait déclarées conformes au droit sans les examiner. Il y avait bien des raisons pour que nos anciens jurisconsultes fussent trompés sur leur valeur. D'abord elles n'avaient jamais été douteuses, ni même contestées en droit romain ; et ce qui devait les faire croire réellement conformes au droit, et détourner l'esprit de nos anciens jurisconsultes de tout examen, c'est que le droit romain y avait fait exception pour le locataire du fisc : le locataire du fisc ne pouvait pas être expulsé. Nos anciens jurisconsultes ont été dès lors portés à se dire : la règle est embarrassante puisqu'on y fait exception pour le fisc ; mais, puisqu'on n'y fait exception que pour le fisc, c'est donc qu'on ne peut pas la supprimer complétement sans violer les principes du droit. Enfin l'emphytéote, qu'on avait voulu, à l'origine, assimiler à un locataire, ne pouvait pas être expulsé ; mais on avait fini par lui reconnaître un droit réel. Nos anciens jurisconsultes ont dû encore être détournés par cette règle de tout examen. L'emphytéote ne peut pas être expulsé, ont-ils dû se dire, parce qu'il a un droit réel ; le locataire simple, au contraire, peut être expulsé parce qu'il n'a pas de *jus in re.* Ce qui doit faire conjecturer qu'ils ont dû envisager la question ainsi, c'est qu'ils ont raisonné de la même manière pour le bail à longues années.

Ainsi on peut admettre que la règle de la loi 9, Code, *Locati conducti,* n'est pas conforme aux principes, et s'expliquer parfaitement comment il se fait qu'elle ait été cependant adoptée par les anciens auteurs, et même par Pothier.

Cette règle que l'acheteur peut expulser le locataire s'est d'ailleurs si fortement imprimée dans les esprits, qu'aujourd'hui encore que le Code Napoléon a abandonné ces errements, en consacrant la règle contraire dans l'art. 1743, les auteurs modernes ne se sont point dégagés de l'ancienne théorie. M. Troplong, notamment, s'est efforcé de démontrer que, puisque, d'après cet art. 1743, l'acheteur ne peut pas expulser le locataire, c'est que ce locataire a un droit réel; tandis que les autres auteurs, en condamnant la doctrine de M. Troplong, déclarent cependant que cet article est venu apporter, pour des raisons d'utilité, une dérogation aux principes.

Nous croyons, au contraire, que cet article est une heureuse application des principes. Nous croyons l'avoir démontré, en recherchant si les créanciers d'un bailleur à cheptel ou son acheteur peuvent saisir le cheptel dans les mains du cheptelier sans que celui-ci soit admis à s'y opposer et à demander à être maintenu en jouissance jusqu'à la fin de son bail à cheptel.

En résumant maintenant les obligations du bailleur à cheptel, avant de passer à celles du cheptelier, nous dirons :

Le bailleur à cheptel n'est point tenu de faire jouir le cheptelier comme un locateur est tenu de faire jouir un locataire ; son obligation consiste plutôt en ce que la tradition qu'il doit faire doit mettre le cheptelier à même de jouir utilement et paisiblement du troupeau

qui lui est confié, et il résulte de là que le cheptelier ne
peut être troublé ni par le bailleur lui-même, ni non
plus par ceux auxquels ce bailleur conférerait des
droits quelconques sur le troupeau ou relativement au
troupeau.

Quant aux obligations du cheptelier, elles consis-
tent, nous le savons, en ce qu'il doit nourrir et héberger le cheptel, et veiller avec soin à sa garde et à son
gouvernement, tenir compte au bailleur de la perte
qui arriverait par sa faute, supporter sa part de celle
qui surviendrait par cas fortuit, ne point tondre, ni
divertir, ni vendre aucune des bêtes du cheptel à l'insu
et sans le consentement du bailleur. Nous avons dit
aussi que, pour sanction de cette dernière obligation,
le bailleur avait un droit de suite tant contre ceux qui
auraient acheté les bêtes, que contre ceux qui s'en
trouveraient en possession. Il nous faut donner quelques détails sur chacun de ces points.

Le cheptelier doit nourrir et héberger le cheptel,
veiller à sa garde et à son gouvernement, et supporter
seul la perte qui arriverait par sa faute.

Sur ce point, l'art. 2 et l'art. 3 de la coutume de Nivernais s'expriment en termes très-explicites :

Art. 2.—*Le preneur prend le cheptel en garde et en
sa charge pour le nourrir, traiter, garder et gouverner à ses dépens, comme il fait ou devrait faire pour
le sien propre.*

Art. 3.—*Et doit le preneur telle garde audit bétail,
que s'il se meurt, perd ou dépérit par ses dol, fraude
ou coulpe, le dommage se prend sur luy.*

Sur l'obligation de nourrir et héberger le cheptel,

il faut remarquer que cette obligation sera plus ou moins lourde, suivant que le cheptelier ne sera pas ou sera le fermier ou métayer du bailleur. Dans le premier cas, il doit pourvoir seul, et à ses dépens, à la nourriture et à l'hébergement; mais, dans le second, il n'en est pas ainsi, puisque le bailleur donne les terres destinées à fournir les herbes, foins, pailles consommés par les bestiaux, et aussi les bâtiments destinés à les abriter.

Le cheptelier doit aussi veiller à la garde et au gouvernement du cheptel, *à ses dépens*, dit l'auteur. Cela justifie la critique que nous avons faite de la locution *faire jouir*, par laquelle Pothier exprime l'obligation du bailleur, et confirme ce que nous avons dit relativement à l'obligation où serait le cheptelier de faire soigner à ses frais le troupeau s'il venait à contracter quelque maladie, même par cas fortuit.

Il est évident, au surplus, que si le cheptelier ne donnait qu'avec parcimonie au troupeau la nourriture dont il a besoin pour prospérer, ou si le cheptel dépérissait faute de soins, le bailleur pourrait faire prononcer la résolution du contrat, pour cause d'inexécution, et faire condamner en outre le cheptelier à des dommages-intérêts. Il ne faut pas qu'on puisse adresser au cheptelier le reproche que Virgile fait adresser par Ménalque à Damœte.

> *Infelix o semper, oves, pecus!* . . . .
> . . . . *Custos bis mulget in hora,*
> *Et succus pecori, et lac subducitur agnis.*

L'obligation du cheptelier de veiller à la garde et

au gouvernement du cheptel, et de supporter seul la
perte qui serait causée par sa faute, avait naturellement amené les anciens commentateurs à examiner
deux questions que Pothier traitait dans deux sections
différentes, mais qui se rattachent si intimement l'une
à l'autre, qu'en réalité elles n'en font qu'une.

La première est relative au degré de soins que le
cheptelier devait apporter; la seconde consiste à savoir
à qui, en cas de perte ou de détérioration, incombe
la charge de prouver : est-ce le cheptelier qui doit
administrer la preuve que la chose a péri complètement *sans sa faute?* est-ce, au contraire, le bailleur
qui doit établir que l'événement par suite duquel la
chose a péri ou s'est détériorée a été précédé d'une
faute de la part du cheptelier? en autres termes, la
faute du cheptelier doit-elle ou ne doit-elle pas être
présumée, en cas d'incertitude sur la véritable nature
de la cause de la perte?

Ces deux questions, on le voit, se lient intimement
l'une à l'autre. Quel que soit le degré de soins que
l'on exige du cheptelier, quelle que soit la faute dont
on le rende responsable, il est clair que son obligation
sera plus ou moins lourde suivant que ce sera à lui à
prouver l'absence de faute pour être libéré, ou, au
contraire, au bailleur à prouver l'existence de la faute
pour rendre le cheptelier responsable.

Sur le premier point, relativement au degré de
soins exigé du cheptelier, on avait fait au cheptelier
l'application de la théorie générale sur la prestation
des fautes.

On sait que les anciens commentateurs, croyant reproduire la théorie romaine de la prestation des fautes, avaient conclu de quelques textes épars du *corpus juris* à l'existence de trois degrés de fautes : la faute lourde assimilée au dol; la faute légère, c'est-à-dire l'absence des soins que les personnes prudentes apportent à leurs affaires, et la faute très-légère, c'est-à-dire la faute que ne commettrait pas un très-bon administrateur, un très-bon père de famille. Divisant ensuite les contrats en trois classes, ceux faits dans l'intérêt exclusif du créancier, ceux dans lesquels le débiteur seul trouve de l'avantage, ceux enfin ayant pour objet l'intérêt réciproque du créancier et du débiteur, ils déclaraient le débiteur responsable de sa faute lourde s'il avait contracté dans l'intérêt unique du créancier, de sa faute très-légère si la convention n'avait pour but que son avantage personnel, et enfin de sa faute légère s'il y avait intérêt des deux parties.

Nous n'avons certes pas à discuter cette théorie, ni à examiner si elle interprétait bien fidèlement les textes de droit romain. Il nous suffira de dire qu'elle a été vivement attaquée, et qu'aujourd'hui elle est à peu près universellement condamnée. Nous voulons seulement voir comment on l'avait appliquée à notre matière, aux cheptels; et, à cet égard, il est assez difficile de dire si Pothier et Coquille étaient en conformité d'opinions.

Voici ce que dit Pothier : « Le preneur s'oblige d'apporter à la garde et au gouvernement du bétail qui lui est confié le soin d'un bon père de famille. L'espèce de faute dont il est tenu est la faute légère, comme dans le contrat de louage et dans celui de société, le contrat de cheptel étant, de même que ces contrats, un contrat qui a forme pour l'intérêt réciproque des parties. »

Coquille, au contraire, commentant ces mots de la coutume : *le preneur doit garder et gouverner le cheptel comme il fait ou devrait faire pour le sien propre*, s'exprime ainsi : « Si c'était simple société, le preneur ne serait tenu sinon de telle diligence et de tel soin qu'il a accoutumé d'employer à ses propres affaires (l. *Socius*, ff. *Pro socio*), et dit la loy que l'on doit imputer à soy-même d'avoir choisi un compagnon peu diligent. Mais la coutume, par ces mots : *devrait faire*, semble désirer une diligence exacte, dont la raison est parce que le preneur prend profit et salaire pour la garde et pour le soin. » (Arg., L. *Si ut acto*, § *Nunc videndum vers. custodiam*, ff. *Commodati*.)

Ces citations montrent d'abord que Pothier et Coquille étaient en désaccord sur la faute dont on devait rendre l'associé responsable. Ce point ne nous concerne point. Elles montrent en outre que Pothier rendait le cheptelier responsable de la faute légère, mais seulement de la faute légère. Coquille, au contraire, paraît exiger de lui tous les soins qu'on peut apporter, tous les soins d'un très-bon père de famille, et le rendre responsable même de la faute très-légère. Il ne mentionne, en effet, que l'avantage que le cheptelier retire de la garde du cheptel; *il prend profit et salaire pour la garde et pour le soin*, dit-il, et partant de là il assimile le cheptelier au commodataire. Il semblerait vraiment que Coquille, dans sa pensée, ait décomposé les avantages du cheptel en deux classes : la première, le croît, qui se partage ; la seconde, les laitages, fumiers, labeurs que garde en entier le cheptelier, qui est seul à retirer cet avantage, et que, par conséquent, à ce point de vue, le contrat est fait dans son intérêt exclusif, et qu'il doit dès lors être tenu de la faute très-légère, comme le commodataire. Nous n'oserions affirmer que telle a été en réalité la pensée de Coquille ; nous ne trouvons pas qu'elle se dégage assez nettement de la forme qu'il lui a donnée dans ce qu'il a écrit. Peut-être, et ce serait un nouveau titre à l'honneur que lui a décerné la postérité en l'appelant le judicieux Coquille, protestait-il intérieurement contre la théorie des trois fautes ; peut-être n'admettait-il pas que le commodataire tînt à lui seul une place à part dans cette théorie, qu'il fût tenu plus rigoureusement que tout autre, et, ne reconnaissant en dehors de la faute lourde qu'une seule faute, la faute légère, appréciée tantôt *in concreto* et tantôt *in abstracto*, avait-il déjà entrevu la théorie que Lebrun devait développer plus tard.

Quoi qu'il en soit, il est évident qu'à ne consulter que le texte de la coutume, ces mots : *comme il fait ou devrait faire le sien propre*, devaient être entendus en ce sens que le cheptelier devait veiller à la conservation du cheptel avec plus de soins qu'à ses propres affaires, qu'il devait apporter tous les soins qu'un bon père de famille peut apporter, et que, par conséquent, la faute dont il devait être responsable était la faute légère, considérée *in abstracto*, mais sans qu'on puisse exiger de lui la sollicitude toujours en éveil « de cet homme aux cent yeux qui ne se retire jamais sans avoir fait sa revue et sans s'être assuré que tout est en ordre dans sa maison ; » qu'en un mot, comme le disait Pothier, formulant sa pensée plus nettement que Coquille, le cheptelier devait apporter à la conservation du cheptel les soins d'un bon père de famille.

Fixé sur ce point, il nous faut examiner maintenant le second, à savoir si, dans l'incertitude de la cause de perte ou de la mort des animaux, c'est au preneur à prouver l'événement de force majeure, l'absence de faute, ou si c'est, au contraire, le bailleur qui est chargé d'établir la négligence du preneur.

Il y avait divergence d'opinions entre les auteurs. Trois systèmes s'étaient produits.

Barthole et Alexandre distinguaient, ainsi que nous l'apprend Coquille, dont nous reproduisons le langage : « Si le cas de perte est tel qu'il n'ait accoutumé d'avenir sans coulpe, comme est le larcin et l'incendie, en ce cas celuy qui est chargé de la garde doit prouver qu'il n'y a rien de sa faute ; si, au contraire, le cas est tel que communément il avienne sans coulpe, il suffit au gardien de prouver la perte, et le propriétaire doit prouver la coulpe. »

La Thaumassière, Auroux des Pommiers, Coquille n'admettaient point cette distinction et exigeaient que le cheptelier prouvât dans tous les cas qu'il n'avait point commis de faute. *Puisque le preneur de bétail à chaptel est tenu de diligence exacte*, dit Coquille, *je croy que c'est à luy de prouver qu'il a fait son devoir tout entier, et, par conséquent, doit prouver en tous cas qu'il n'y a point de sa coulpe. Selon les règles de droit, la charge de prouver aucune chose avoir été faite est*

8

sur celuy qui est tenu de le bien faire. Cette manière de voir était aussi celle de Godefroy, qui, sur la loi 9, § 4, ff. *Locat. cond.*, s'exprime ainsi : « *Præsumitur culpa in omni custode, qui gregis sui omnia capita non restituit. Quod magis placet quam quod a Ricardo et Guilielmo, veteribus interpretibus, dicitur : caprarium ex parte innocentem præsumi, nisi probetur nocens.* »

Enfin, comme on le voit, des auteurs soutenaient, dans un troisième système, favorable au cheptelier, que c'était au bailleur à prouver la faute ou négligence du preneur. C'est ce dernier système que Pothier proposait, quoique assez timidement. « J'ai été informé, dit-il, par des magistrats très-éclairés de la province de Berry, que l'usage de la province était que si le bailleur n'était pas en état de faire la preuve de la faute et de la négligence du preneur, les bêtes devaient être présumées mortes de maladie ou autre accident allégué par le preneur, lequel, en conséquence, était déchargé de les représenter, en représentant leurs peaux. Cette présomption est fondée sur ce que le cas de maladie est le cas le plus ordinaire de la perte des bestiaux, et que, les preneurs ayant un grand intérêt à la conservation des bêtes, par rapport à la part qu'ils ont dans le profit et la perte du cheptel, le cas de négligence du preneur doit être un cas très-rare. »

Ainsi, on le voit, Pothier et Coquille, qui peut-être n'étaient pas du même avis sur le premier point, sur le degré de soins à exiger du cheptelier, étaient en désaccord sur le second. Pour Pothier, la présomption devait être que le cheptelier n'avait point commis de faute ; Coquille, au contraire, le présumait en faute, jusqu'à preuve contraire.

Si on ajoute aux raisons données par Pothier cette considération que généralement les chepteliers sont des gens pauvres et nécessiteux, n'ayant guère d'autres moyens de subsister que l'industrie assez peu fructueuse qu'ils exercent ; que la perte de quelques animaux est souvent pour eux une perte difficile à réparer, quelquefois même un malheur prenant les proportions d'une calamité de nature à entraîner leur ruine ; si on considère, d'ailleurs, qu'alors même que l'accident est survenu sans leur faute ils n'en sont pas moins responsables pour moitié, et sont par là énergiquement sollicités à veiller avec soin à la conservation du cheptel, on sera naturellement porté à adopter l'opinion de Pothier.

Et cependant il est bien probable que dans notre ancienne jurisprudence c'était le système opposé, celui de Coquille et de la Thaumassière, qui prévalait. Il se recommandait tout à la fois par un plus grand respect des principes et par une appréciation plus exacte de la véritable nature du contrat de cheptel. C'est ce qu'il est facile d'établir. L'obligation que le cheptelier contracte de rendre le troupeau entraîne celle de veiller à sa conservation. Quand le cheptel a péri, l'obligation de rendre ne peut pas être exécutée : *impossibilium nulla est obligatio* ; le cheptelier en est donc libéré, mais il ne peut entièrement être libéré de la seconde qu'à la condition de prouver qu'il l'a remplie, qu'il a effectivement veillé à la conservation du cheptel, et, par conséquent, il doit établir qu'il n'a commis aucune des fautes dont il a consenti à être responsable. Comme le disait Coquille, *la charge de prouver aucune chose avoir été faite est sur celui qui est tenu de le bien faire.*

Et si on tient compte de la position des parties contractantes, de leur intention probable, on sera amené à la même conséquence. Sans doute le cheptelier est ordinairement pauvre, sans doute il mérite la commisération, sans doute il y a grande rigueur à exiger qu'il établisse, en cas de perte, qu'il n'a commis aucune faute; mais ne s'y est-il pas obligé? Evidemment si. Le bailleur lui a confié son troupeau; le preneur l'a en sa garde; il serait assurément très-difficile au bailleur, en cas de perte, de prouver la faute du cheptelier. Il y a plus : les bailleurs n'ont-ils pas à craindre des détournements frauduleux de la part des chepteliers? Ceux-ci sont déjà assez naturellement portés à s'en rendre coupables.

> Non ego te vidi Damonis, pessime, caprum
> Excipere insidiis, multum latrante Lycisca?
> Et quum clamarem : « Quo nunc se proripit ille?
> Tityre, coge pecus, » tu post carecta latebas.

Comment les bailleurs peuvent-ils se prémunir ?

> Quid domini faciant, audent quum talia fures?

Evidemment les chepteliers seraient encore plus fortement enclins à se rendre coupables de ces détournements s'ils pouvaient espérer que l'impossibilité où serait le bailleur d'en faire la preuve leur assurerait l'impunité. On le voit donc, il doit être dans la commune intention des parties contractantes de mettre à la charge du preneur l'obligation de prouver que l'événement qui causerait la perte ou la détérioration est survenu sans aucune faute de sa part ; autrement il ne serait pas prudent de confier un troupeau à autrui. Que cette obligation soit rigoureuse, qu'elle pèse lourdement sur les chepteliers, qui ordinairement sont gens pauvres, cela est vrai ; mais ainsi le veulent les principes, et il n'y a pas dans la nature particulière du contrat de cheptel de raisons pour y déroger. On peut même dire que la pauvreté du cheptelier est un motif de plus pour les maintenir à son égard, et cela dans son intérêt ; car si par hasard le cheptelier était du nombre de ceux auxquels on pourrait appliquer le proverbe « la misère est mauvaise conseillère, » il trouverait dans la règle que professait Coquille un puissant préservatif contre les tentations auxquelles il serait en butte.

D'ailleurs, on peut le remarquer, la règle, si rigoureuse en apparence, prend facilement dans l'application un caractère purement préventif et comminatoire. Il est clair, en effet, que, comme on doit tout interpréter *ex æquo et bono*, lorsque le cheptelier aura indiqué, fait connaître et établi l'événement qui a causé la perte et détérioration, et qu'il aura donné des explications suffisantes pour faire naître en sa faveur la présomption qu'il a apporté tous les soins convenables, satisfaisants, il en résultera virtuellement à son profit la présomption qu'il n'a pas commis de faute, et la preuve qu'on exigera de lui sera faite. Ce serait alors au bailleur qui prétendrait que telle ou telle faute a été com-

mise, alors que tout dans les faits concourt pour l'écarter, à justifier ce qu'il avance et à prouver que son
assertion, quoique contraire à la vraisemblance, est
cependant l'expression de la vérité.

A un autre point de vue encore, on peut dire que
dans l'application cette règle ne sera le plus souvent
que préventive et comminatoire, car les chepteliers
sont ordinairement pauvres, et le bailleur n'ignore pas
qu'en cas de malversation de leur part le recours contre
eux sera inefficace ; mais il produit cet effet salutaire
de stimuler le zèle des chepteliers en l'intéressant fortement à veiller avec un soin scrupuleux à la conservation du cheptel.

Par la même raison, ce caractère comminatoire se
rencontre également, quoiqu'à un degré beaucoup
moindre, dans cette autre obligation du cheptelier de
supporter pour moitié la perte qui surviendrait même
sans sa faute. On sait que c'est là une des obligations
les plus graves du cheptelier ; que s'il prend seul les
laitages, graisses ou fumiers et labeurs des animaux,
s'il a en outre le droit de partager avec le bailleur les
laines et tous les croîts, ce n'est qu'à la charge de supporter également pour moitié les pertes fortuites.

Nous avons dit que cette obligation avait été l'objet
d'une vive critique de la part des auteurs ecclésiastiques. Ils avaient prétendu qu'elle était illicite et usuraire, contraire au droit naturel, et même aux coutumes du royaume qui traitaient de cette matière. C'est
surtout l'auteur anonyme des conférences de Paris
sur l'usure, qui avait soutenu cette doctrine et s'en
était fait le champion. Mais l'argumentation sur la-

quelle il l'appuyait était, en droit, dénuée de tout fondement.

Voici comment il raisonnait : « C'est un principe de
droit, disait-il, que les choses doivent être aux risques
de ceux à qui elles appartiennent; que la perte, lorsqu'elle arrive par cas fortuit, en doit être supportée
par eux : *res perit domino* ; et on ne peut sans injustice la faire supporter par d'autres. » Partant de là, il
décidait que dans le cheptel à moitié, qu'il appelait
cheptel affranchi, c'est-à-dire dans le cheptel où chacune des parties fournit la moitié des bestiaux, la perte
survenue par cas fortuit devait être supportée en
commun par les deux parties à qui le fonds de cheptel
appartenait en commun, et que dans le cheptel simple,
qu'il appelait cheptel non affranchi, le bailleur, qui
avait fourni tout le fonds du cheptel, devait en supporter seul la perte, s'il en arrivait par cas fortuit, et
qu'on ne pouvait sans injustice en faire supporter
aucune part au preneur.

Pothier n'avait pas eu de peine à réfuter ce raisonnement d'une manière victorieuse. Le principe qu'une
chose est aux risques de celui à qui elle appartient
souffre, répondait-il, des exceptions ; le propriétaire
d'une chose peut licitement, et sans blesser la justice,
se décharger du risque de sa chose, et charger de ce
risque une autre personne, en payant à cette personne
le prix du risque dont il la charge. C'est ce qui arrive
dans le cas du contrat d'assurance. Pareillement, dans
le contrat de cheptel, le bailleur peut, par ce contrat,
sans blesser la justice, se décharger pour moitié du
risque de son cheptel, et en charger le preneur pour

cette moitié, en lui accordant, pour le prix de ce risque dont il le charge, la moitié dans les profits des laines, croîts et améliorations des bêtes. Faisant remarquer, en outre, que, suivant le système de l'auteur anonyme des conférences de Paris sur l'usure, le preneur qui n'a pas fourni sa part des bestiaux qui doivent composer le cheptel, et qui, d'ailleurs, n'apporte rien de plus que ce qu'un preneur qui a fourni sa part des bestiaux apporte outre sa part, est néanmoins de meilleure condition que le preneur qui a fourni sa part, puisque celui-ci n'a la moitié des profits qu'à la charge de supporter la moitié de la perte ; au lieu que le preneur qui n'a pas fourni sa part des bestiaux a la même part dans les profits que celui qui l'a fournie, sans être, comme lui, sujet à supporter sa part dans la perte. Il ajoutait : « Qui ne sent l'absurdité d'un pareil système ! »

Ainsi Pothier déclarait absurde le système de l'auteur des conférences de Paris sur l'usure. Dans un autre endroit il dit que cet auteur n'est nullement jurisconsulte. Et cependant le reproche d'injustice qui était adressé à la règle qu'il défendait n'avait pas laissé que de faire une certaine impression sur son esprit. C'est ce qui explique sans doute comment, après avoir si énergiquement réfuté l'opinion ecclésiastique qui réprouvait l'obligation du cheptelier de supporter sa part dans les pertes fortuites, il en arrivait cependant à faire à cette opinion une concession importante et à déclarer qu'il ne fallait pas conclure, de ce que le contrat de cheptel à moitié part de profit et perte était équitable et permis dans le ressort de

plusieurs coutumes, qu'il était également équitable
et permis dans les autres provinces. L'équité de ce
contrat dépend des différentes circonstances des lieux,
dit-il. Dans les provinces abondantes en pâturages,
où la nourriture du bétail coûte peu, on peut licitement, et sans blesser l'équité, charger le preneur de
la moitié du risque de la perte ; au contraire, dans les
provinces où il y a peu de pâturages, où la nourriture
du bétail est très-coûteuse, cette convention serait
injuste et illicite. C'est avec cette distinction, c'est par
ce tempérament que Pothier répondait aux autorités
des conciles de Milan et de Bordeaux, tenus dans le
XVIᵉ siècle, que l'auteur des conférences alléguait pour
son opinion. Quand même nos contrats de cheptels ne
seraient pas licites dans les provinces où se sont tenus
ces conciles, il ne s'ensuivrait pas, disent-ils, qu'ils
ne pussent l'être dans les nôtres. D'ailleurs, ajoutait-
il, je ne voudrais pas être garant de l'exactitude des
décisions de ces conciles sur les règles des contrats,
cette matière étant plus du ressort des jurisconsultes
que des théologiens qui ont formé les décisions de ces
conciles.

Entre ces deux systèmes Coquille en avait émis un
troisième, dans lequel, invoquant lui aussi la règle *Res
perit domino*, il se rapprochait de celui des auteurs
ecclésiastiques. Suivant lui, il fallait distinguer entre
la perte totale et la perte partielle : « Si le cheptel périssait tout entier, à chacun d'eux (bailleur et cheptelier)
périt ce qui est sien, disait-il ; ainsi le bailleur perd
son cheptel sans recours, et tant luy que le preneur
perdent chacun leur part de profit. » Mais si la perte

n'était que partielle, il voulait qu'elle fût supportée par le cheptelier, en ce sens que celui-ci devait continuer à garder et à nourrir ce qui restait du bétail jusqu'à ce que le croît et le profit eussent recomposé le cheptel. « Le preneur, disait-il, doit patienter et nourrir ce qui reste du bétail jusqu'à ce que le croît et profit puisse parfournir le chaptel, même ne fût-il demeuré qu'une bête femelle. » Puis, prévoyant le cas où le cheptelier refuserait de remplir cette obligation, il ajoutait : Je croys, en ce cas, qu'il pourrait être contraint à supporter la moitié de la perte du cheptel, *ex eo capite quod intempestive dissolveret societatem.* »

Ainsi, on le voit, trois systèmes différents s'étaient produits sur l'étendue à donner sur ce point à l'obligation du cheptelier.

D'après les auteurs ecclésiastiques, c'était une injustice que de lui faire supporter une part quelconque dans la perte par cas fortuit.

Pothier, au contraire, déclarait que, d'après les textes des coutumes, le cheptelier devait supporter sa part dans la perte partielle et aussi dans la perte totale; cette disposition des coutumes n'était point, suivant lui, contraire aux règles du droit, et cependant, se mettant ensuite en contradiction avec lui-même, il apportait un certain tempérament à son système, en subordonnant, dans les provinces où les coutumes étaient muettes sur le cheptel, la validité de cette obligation du cheptelier aux différentes circonstances des lieux.

Coquille, enfin, s'était fait l'organe d'une troisième opinion, d'après laquelle la perte totale du cheptel re-

tombait sur le bailleur, tandis qu'en cas de perte partielle, le preneur avait, en quelque sorte, à remplir les
mêmes obligations qu'un usufruitier.

Il est plus facile de critiquer chacun de ces systèmes
que de choisir entre eux; on peut même dire qu'aucun ne
satisfait complétement l'esprit. Celui des auteurs ecclésiastiques favorable aux chepteliers paraît au premier
abord se recommander par un sentiment d'humanité
qui mérite d'être pris en considération. Le cheptelier,
en s'engageant à supporter la moitié de la perte for-
tuite, promet assurément plus qu'il ne pourra tenir si
les chances défavorables se réalisent contre lui. Fait en
ces termes, le bail à cheptel est pour lui un contrat
aléatoire que la prudence lui conseillerait de ne pas
faire s'il ne consultait que ses propres ressources.
Alors même que les chances de gain seraient beaucoup plus fortes que les chances de perte, la prudence
devrait lui conseiller de s'abstenir, puisque la perte
serait la ruine pour lui. A ce point de vue, on pourrait donc dire que le contrat est inhumain, contraire à
l'ordre public. Mais, d'un autre côté, on peut considérer que s'il n'était pas permis, en donnant des bestiaux
à cheptel, de stipuler que le cheptelier supportera une
part dans la perte, peu de personnes consentiraient à
en donner. L'adoption du système ecclésiastique aurait donc eu pour conséquence de supprimer les contrats de cheptels, et de priver ainsi les personnes néces-
siteuses, qui, dans notre ancienne jurisprudence, n'a-
vaient guère d'autres moyens de subsistance, de l'industrie qui les faisait vivre. En voulant prendre en
main la cause des pauvres et des faibles, les auteurs

ecclésiastiques auraient ainsi tari la source de richesse
où venaient puiser surtout les pauvres et les faibles.
Aussi leur opinion était-elle condamnée en termes formels par toutes les coutumes, et ils ne pouvaient la
soutenir, comme disait Pothier, qu'en donnant la tor-
ture à tous les textes de ces coutumes.

L'opinion de ce dernier jurisconsulte, qu'avaient en-
seignée déjà Thaumas de la Thaumassière et Auroux des
Pommiers, s'appuyait sans doute sur les dipositions des
coutumes ; en droit elle était incontestable, mais était-
elle bien bonne en législation ? Il est permis d'en douter. Nous avons vu que Pothier lui-même ne la trouvait point à l'abri de toute objection au point de vue de
l'équité ; la clause par laquelle le cheptelier s'oblige à
supporter la moitié de la perte très-licite dans le ressort des coutumes qui traitent des cheptels pouvait
être, disait-il, illicite dans les autres provinces ; cela
devait dépendre, suivant lui, des différentes circonstances des lieux. Si on veut juger cette concession de
Pothier d'après le droit, et surtout d'après l'édit du
mois d'octobre 1713 sur les cheptels, on trouvera certainement qu'il a eu tort de la faire ; il suffit, en
effet, de jeter les yeux sur cet édit pour voir que non-
seulement les baux à cheptel sont autorisés dans toutes les provinces du royaume, mais encore que le
législateur s'est proposé dans cet édit d'établir des
règles qui pussent engager les particuliers à donner
des bestiaux à cheptel. Il est bien vrai que c'est surtout au point de vue des tailles que cet édit réglemente
les cheptels, et c'était peut-être dans l'intérêt du fisc
qu'il cherchait à les encourager ; mais il n'en fait pas

moins loi, Quoi qu'il en soit, Pothier n'était peut-être pas très-convaincu de la bonté de la règle contenue dans les coutumes à cet égard.

Coquille, on l'a vu, l'était encore moins. Il avait fait des efforts pour faire prévaloir un autre système ; mais la manière dont il interprétait les art. 2 et 3 de la coutume de Nivernais n'avait point l'assentiment général ; lui-même nous l'append : « *Ce que j'entends dire sur cette question semblera paradoxe à plusieurs,* » dit-il sur sa 84e question, intitulée : *Quand le total du bétail tenu à chatel se périt, le preneur est-il tenu de porter moitié de la perte?* Et son système était bien, en effet, paradoxal ; il suffit, pour s'en convaincre, de lire les art. 3 et 4 de la coutume de Nivernais.

Il conduisait d'ailleurs à une conséquence assez mauvaise : de ce que le preneur n'avait rien à supporter de la perte totale, tandis que la perte partielle tombait en grande partie sur lui, puisqu'il devait refaire le troupeau avec les croîts, il en résultait qu'en cas de perte considérable il avait intérêt à ce que le troupeau pérît tout entier ; il était ainsi placé entre son intérêt et son devoir.

Or, on l'a fait remarquer, il est dangereux de mettre en opposition le devoir et l'intérêt; la lutte trop souvent se termine par le sacrifice du devoir. L'application de ce système amenait encore cet autre inconvénient : si le cheptel subissait une perte considérable, le preneur, obligé de le garder jusqu'à ce que le croît eût comblé le déficit, pouvait ainsi être contraint à le garder sans espoir de profit bien au-delà du temps pour lequel le contrat avait été fait, et on ne pouvait certes pas attendre de lui que, dans cette condition, il prodiguât de grands soins au troupeau.

Le meilleur système eût peut-être consisté à décider que le preneur serait tenu de remplacer, jusqu'à concurrence du croît, les têtes des animaux qui périssaient, et que, dans le cas où, à la fin du cheptel, le troupeau aurait perdu de sa valeur, il devrait en tenir compte au bailleur jusqu'à concurrence du profit qu'il aurait retiré. Le bailleur et le cheptelier supporteraient ainsi les risques dans une proportion équitable. Le bailleur serait ainsi exposé à perdre une partie de ses troupeaux; le preneur, la nourriture, l'hébergement, les soins qu'il lui a donnés, sans être tenu de rester dans les liens d'une obligation au-delà du temps fixé par la convention.

Avec cette obligation du preneur se termine l'étude des obligations qui lui sont imposées principalement en vue d'assurer la prospérité du troupeau; celles qu'il nous reste à examiner ont plus particulièrement pour objet de protéger le bailleur contre les actes par lesquels le cheptelier tendrait à s'approprier quelque chose au-delà de sa part. C'est dans ce but que défense est faite au preneur de disposer des laines, ni de vendre ou divertir aucune des bêtes du cheptel à l'insu et sans le consentement du bailleur; et nous avons dit que nous aurions à étudier sur ce point le droit de suite que les coutumes donnent au bailleur.

Sur la défense qui est faite au preneur de disposer des laines sans le consentement du bailleur, les art. 5 et 6 de la coutume de Berry s'expriment ainsi :

Art. 5. « Le preneur de bêtes à cheptel, à moitié ou

» autrement, ne peut, avant le temps qu'elles doivent
» être tondues, en tirer ni prendre aucunement la
» laine, et attendra le temps qu'elles doivent être ton-
» dues; et après qu'elles seront tondues, partiront la
» laine également. »

Art. 6. « Toutefois, si en autre temps qu'à la saison
» qu'on a accoutumé tondre les bêtes, était besoin,
» pour la santé et entretenement desdites bêtes, leur
» ôter et prendre de la laine en aucuns endroits, les-
» dits preneurs le pourront faire en le dénonçant au
» bailleur. »

Les laines dont il s'agit ici s'appellent des écouailles.

Il paraît que ces dispositions n'étaient pas exacte-
ment observées par les chepteliers; aussi, en 1739,
ont·elles été confirmées par lettres patentes en forme
de règlement. On en peut voir le dispositif dans Pothier, Traité des cheptels, section Ire, page 283. Ces
lettres patentes augmentèrent les peines prononcées
par la Coutume; les contrevenants devaient être con-
damnés chacun à 20 livres d'amende et à 10 sous de
dommages et intérêts envers le bailleur pour chaque
bête à laine tondue en contravention des règlements.

L'art. 7 de la coutume de Berry relatif à la défense
faite au cheptelier de divertir ni vendre aucune des
bêtes du cheptel à l'insu et sans le consentement du
bailleur, était ainsi conçu: « Les preneurs ne peuvent
» vendre les bêtes par eux prises, soit à cheptel, moitié
» ou autrement, si ce n'est du vouloir ou consentement
» exprès du bailleur; et s'ils font le contraire, sont
» amendables envers justice, à la discrétion d'icelle.

Bien que cet article ne parlât que des bêtes prises à cheptel, c'est-à-dire de celles qui composent le fonds de cheptel, néanmoins le preneur ne pouvait pas non plus vendre les croîts sans le consentement du bailleur. La Thaumassière atteste que c'était l'usage, et Pothier l'approuve.

Cet auteur s'était demandé ce qu'il fallait décider lorsque le bailleur refusait mal à propos de consentir la vente dans le cas où elle était utile ou nécessaire : et il pensait avec raison que le preneur pouvait assigner le bailleur pour la faire ordonner par le juge.

Il pensait aussi que si le maître avait souffert pendant un temps assez considérable que le cheptelier vendît les vieilles bêtes sans le consulter, il devait être censé persévérer dans cette tolérance, jusqu'à ce qu'il le lui eût défendu expressément ; et qu'en conséquence, il ne devait pas être admis à attaquer la vente faite par le cheptelier seul.

Mais en dehors de ce cas la vente ne peut être consentie que d'un commun accord entre le bailleur et son cheptelier. Si celui-ci vendait seul, le bailleur pouvait revendiquer les bêtes vendues.

Nous arrivons ainsi au droit de suite conféré par les coutumes. Comment ce droit de suite était-il organisé dans les coutumes de Berry et de Nivernais ? quelle règle devait-on suivre à cet égard dans les coutumes qui n'avaient pas de disposition expresse, accordant au bailleur le droit de suivre et de revendiquer les bêtes de son cheptel vendues par le cheptelier, ou saisies sur lui et vendues sur la saisie ?

L'art. 8 de la coutume de Berry qui consacre ce droit de suite est ainsi conçu :

« Et pourra au cas susdit (c'est-à-dire au cas où le cheptelier contreviendrait à la défense qui lui est faite de vendre seul) le bailleur poursuivre les dites bêtes, et les faire arrester sur l'acheteur, et luy seront délivrées par provision, en baillant caution et en faisant par luy apparoir sommairement qu'elles luy appartiennent. Et néanmoins l'acheteur, s'il est trouvé qu'il sût que les dites bestes eussent été baillées à cheptel à celuy qui les luy aura vendues, sera puny selon droit et raison. »

On voit que ce droit de suite est réglementé d'une manière particulière, en opposition avec les principes généraux, et toute de faveur pour le bailleur. D'après la règle ordinaire en matière de revendication, le demandeur ne peut obtenir la restitution de la chose revendiquée qu'à la condition de justifier pleinement de son droit de propriété ; en matière de cheptel, au contraire, on n'exige du bailleur qu'une justification sommaire et imparfaite de son droit sur les bêtes par lui revendiquées, pour lui en faire obtenir la restitution. Mais cette restitution n'est que provisoire, et elle n'est obtenue qu'en donnant caution.

Le temps pendant lequel le bailleur peut exercer son droit de suite n'est point limité. La vente faite par le cheptelier est sans doute considérée comme un vol, faisant obstacle à toute usucapion.

On s'était demandé si le droit de suite existait non-seulement sur le fonds capital du cheptel, mais encore pour les croîts. Labbe, que cite la Thaumassière,

9

avait cru que non ; mais ce dernier auteur nous apprend que son opinion n'avait pas été suivie, et elle doit être rejetée avec d'autant plus de raison, nous dit Pothier, qu'elle serait souvent impossible dans la pratique, les croîts se confondant avec les chefs, de manière à ne pouvoir plus souvent les distinguer.

Il faut remarquer aussi que ces mots du texte « *pourra faire arrêter sur l'acheteur,* » ne sont pas limitatifs, et qu'il faut suppléer : *et sur quiconque s'en trouvera en possession;* car le droit de suite est une revendication que le bailleur fait de ses bêtes ; or la revendication s'exerce sur quiconque possède la chose revendiquée.

Enfin ceux qui, sachant que les bêtes étaient tenues à cheptel, les auraient achetées, devaient être punis, aux termes de l'article, *selon droit et raison,* parce que, dit la Thaumassière, *celuy qui sciemment achette la chose qu'il sçait appartenir à autruy commet furt et larrecin.*

L'art. 9 de la coutume indique au bailleur un moyen dont il peut user pour se faciliter l'exercice de son droit de suite :

Art. 9. « Le bailleur, en baillant ses bestes à chetel, moitié ou autrement, les pourra marquer à sa marque, et ne sera tenu de prendre les peaux qu'apportera le preneur si elles ne sont marquées de ladite marque. »

Enfin, l'art. 10 de cette coutume de Berry étend le droit de suite même en cas de vente judiciaire faite sur une saisie exécutoire des créanciers du preneur.

Art. 10. « Si, avant le chetel payé, le preneur souffre que, par exécution ou autrement, l'on vende les bêtes par luy prises sans en avertir le bailleur, en ce cas ledit bailleur a droit de suite sur lesdites bêtes, et les peut revendiquer, comme à luy appartenantes, non-obstant ladite vendication faite par souffrance du preneur ; et en faisant apparoir sommairement qu'elles luy appartiennent, luy seront délivrées par provision, en baillant caution, sans que ledit bailleur soit tenu de payer aucun frais de la nourriture desdites bêtes, et n'est depuis qu'elles auront été nourries aux dépens de l'acheteur de bonne foy, jusques au temps qu'elles auront été arrestées par le bailleur, et sera le preneur qui a souffert ladite vente sans en avertir le bailleur, amendable envers justice et condamné aux dépens, dommages et intérêts du bailleur. »

De ce que cet article accordait le droit de suite même en cas de vente judiciaire, on devait en conclure que le bailleur devait avoir ce droit même contre ceux qui auraient acheté de bonne foi, et même en foire. C'est ce qu'avaient fait les auteurs.

Coquille, cependant, était d'un avis contraire. Sur l'art. 16 de la coutume de Nivernais, qui réglemente le droit de suite comme l'article de la coutume de Berry, après avoir fait remarquer qu'il résulte de cet article que la vente des meubles par justice n'a pas même effet que la vente d'immeubles par décret sur criées, il s'exprime ainsi : « Mais quoy du bétail vendu en foire qui est assemblée publique ? car l'acheteur en foire doit être réputé de bonne foy, et semble par manière de dire que la foy publique luy garend, et ne se peut dire tel acheteur ce que l'Empereur dit *in l. incivilem et in l. civile, C. De furt.*, où est dit que celuy

qui achète d'un passant, homme non connu, se rend
suspect de mauvaise foy : pour quoi j'estime avec
grande raison se peut dire que le bétail vendu en
foire publique qui est célèbre et renommée, et si le
bétail a demeuré publiquement en foire, et a été vendu
au chaud de la foire, ne peut être évincé par le seigneur du chaptel, ou autre propriétaire : car, quant
au chaptel, le bailleur doit être soigneux de la fidélité
du preneur, et doit l'observer et veiller, et si c'est autre
propriétaire à qui on ait dérobé du bétail, il doit être
soigneux de suivre les foires pour reconnaître son
bétail. Tout au moins semble que tel propriétaire qui
reconnaît son bétail ainsi vendu en foire ne le doit
recouvrer sinon en payant à l'acheteur le prix qu'il
luy a coûté, car si le bétail n'eût été vendu à cette foire,
le larron l'eût tiré plus loin et eût ôté au propriétaire le
moyen de le vendiquer. »

Cette opinion de Coquille n'avait point été suivie, et
elle heurtait trop directement le texte de la coutume
pour pouvoir l'être. Pothier avait répondu, avec raison,
qu'il ne peut pas y avoir de vente plus favorable et
plus authentique que la vente judiciaire : *Nec enim
facile convelli debet judicialis hastæ fides*. Si donc
la vente judiciaire ne mettait pas l'acheteur à couvert
du droit de suite, les marchés faits en foire, quelque
favorables qu'ils soient, ne pouvaient pas non plus
mettre les acheteurs en foire à couvert.

Telle était la réglementation du droit de suite, en
matière de cheptel, dans les coutumes, qui le consa-
craient expressément. Son énergie, comme on le voit,
était grande, le bailleur pouvant l'exercer dans tous

les cas où les bêtes sortaient sans son consentement des mains du preneur, et n'étant jamais astreint à rembourser à celui qu'il contraignait à restituer ce qu'il avait payé au cheptelier. On peut remarquer que ce droit de suite s'harmonisait parfaitement avec la législation de ces coutumes sur la prescription des meubles. Dans le Berry et le Nivernais, les meubles ne se prescrivaient que par trente ans. Nous aurons toutefois à nous demander si ce droit de suite, en matière de cheptel, était une conséquence de la règle admise pour l'acquisition des meubles par prescription, ou s'il ne faut pas remonter plus loin dans le passé pour en trouver l'origine.

Mais il faut nous demander avant quelle était la règle qui devait être suivie, relativement à ce droit de suite, dans les coutumes qui n'avaient point de dispositions expresses sur les cheptels.

Sous la plume de Pothier, cette question s'est généralisée. En recherchant si le droit de suite conféré au bailleur par les coutumes est ou n'est pas de droit commun, la question qu'il examine et discute est en réalité celle de savoir si le propriétaire de choses mobilières qui ont été achetées de bonne foi par un tiers peut évincer ce tiers sans être tenu de lui rembourser ce qu'il a payé : la solution de cette question devant entraîner celle de la première.

Plusieurs soutenaient que l'acheteur de bonne foi était fondé à exiger, du propriétaire qui réclamait sa chose, la restitution du prix qu'il avait payé; ils invoquaient en faveur de leur opinion la bonne foi de l'acheteur; le propriétaire, disaient-ils, a

commis une faute en ne veillant pas avec assez de
soin sur sa chose et en la laissant vendre par un
tiers qui pouvait être considéré comme légitime
propriétaire. L'acheteur qui est de bonne foi ne doit
pas en souffrir. Puis, pour le cas où l'achat avait eu
lieu en foire, ils tiraient argument de ce qu'on appelait
la faveur des foires. Pour attirer dans les foires un
grand concours de vendeurs et d'acheteurs, on doit
procurer au commerce qui s'y fait toutes les sûretés
possibles; par conséquent les acheteurs doivent être
assurés qu'en cas de réclamation des marchandises
qu'ils y auront achetées, de ceux qui s'en prétendraient
propriétaires, ils ne perdront pas le prix qu'ils auront
payé, et qu'ils ne seront tenus de les rendre si on ne
leur rend ce prix. Nous avons vu que Coquille, malgré
le texte formel de la coutume qu'il commentait, était
de cet avis, et qu'il inclinait même à penser que le droit
de suite devait être complétement rejeté dans le cas où
l'achat avait eu lieu en foire.

Enfin, les partisans de cette opinion l'appuyaient encore sur les dispositions des coutumes de Beauvoisis
et de Toulouse.

Au chapitre XXV de la coutume de Beauvoisis, rédigée par Philippe de Beaumanoir en 1283, il est dit :
« Se chil qui a la chose l'acheté et marchié....... en cel
cas, chil qui poursuit sa chose que il perdit, ou qui li
fut emblée (1), ne la raura pas s'il ne rend l'argent que

(1) Le sens du mot *embler* était très-étendu, comme on peut le
voir par les anciens commandements de Dieu :

Le bien d'autrui tu n'embleras,
Ni retiendras à ton escient.

li acheteur en paya ; car puisqu'il l'acheta sans fraude et en marchié, il ne doit pas recevoir la perte de son argent pour autrui meffait. Mais s'il l'avait achetée hors du marchié par mendre prix que la chose ne vaurait, le tiers ou la moitié, et il ne pouvait trouver son garant, li demandierres raurait sa chose sans l'argent de la vente payer, parce que l'on doit avóir grand présomption contre ceux qui ainssint achatent. »

La coutume de Toulouse, rédigée en latin en 1285, dit dans l'art. 3 du titre *De emptione-venditione*: « *Est usus et consuetudo Tolosæ quod si aliquis emerit res mobiles in Tolosa, in carriera publica vel foro....., quod emptor debet recuperare pretium ab illo cujus res est, et qui petit rem, quamvis res sit furtiva.* »

Mais Pothier ne s'était point rangé à cette opinion. Il soutenait, dans son traité des cheptels, que le propriétaire pouvait revendiquer sa chose mobilière sans rendre le prix qu'elle avait coûté au possesseur, quoique celui-ci l'eût achetée de bonne foi et en foire ou marché public. Voici comment il raisonnait : Le droit de propriété que le propriétaire conserve de la chose qui lui a été dérobée renferme essentiellement le droit de la revendiquer partout où il la trouve : la loi naturelle, qui ne permet pas de retenir sciemment le bien d'autrui, oblige le possesseur de le rendre. On ne peut assigner aucune cause d'où pourrait naître à la charge du propriétaire l'obligation de rendre au possesseur le prix qu'il a payé de la chose à celui qui la lui a vendue : il n'est intervenu entre eux aucun contrat ni quasi-contrat d'où pourrait naître cette obligation. Le payement fait indûment à celui qui a vendu la chose est un fait qui ne peut obliger à la restitution que celui qui l'a reçu indûment, mais qui ne peut pas obliger le propriétaire, puisque c'est un fait qui lui est absolument étranger.

Il répondait ensuite aux raisons alléguées pour la première opinion. Si le propriétaire qui revendique était obligé de rendre le prix payé par l'acheteur, c'est lui qui souffrirait de la vente et du payement fait mal à propos. On ne peut pas dire qu'en ne rendant pas le prix au possesseur on le fait souffrir du détournement qui a été commis; car ce n'est pas le détournement, mais c'est l'achat de la chose détournée et le payement fait mal à propos qui lui causent la perte de la somme qu'il a payée; bien loin que ce soit le propriétaire qui lui ait fait souffrir cette perte, c'est lui-même qui se l'est procurée par son propre fait par le payement qu'il a fait mal à propos.

Il ne prenait pas en plus grande considération l'argument tiré de la faveur des foires. La sûreté qu'on doit procurer au commerce qui s'y fait, disait-il, ne concerne que le libre accès qu'on doit procurer aux marchands pour venir à la foire avec leurs marchandises et pour s'en retourner; la prompte expédition des contestations qui pourraient s'élever sur les marchés qui s'y font, etc. Mais cette sûreté ne doit pas aller jusqu'au point de dispenser ceux qui ont acheté dans la foire des choses volées de les rendre au propriétaire, s'il ne leur rend le prix qu'elles leur ont coûté.

Enfin il citait les lois romaines, qui sont formelles dans le sens de cette opinion, et il invoquait aussi l'article 199 de la coutume de Bretagne, ainsi conçu : « *Et posé qu'il les eût achetées en foire ou marché, si celui qui aurait égaré ou perdu les marchandises les pouvait prouver siennes, il les aurait ; et perdrait l'acheteur ce qu'il aurait mis, sauf son recours sur celui qui les aurait vendues. »*

Ainsi, on le voit, il n'y avait point dans notre ancienne jurisprudence de règle générale, fixe et certaine sur la question qui nous occupe. Il est même assez difficile, comme le déclare M. Troplong, de dire quel était dans notre ancien droit français le système dominant en matière de prescription des meubles ; car la variété des usages et opinions était infinie. Pothier lui-même, dans d'autres parties de ses œuvres, n'est pas aussi affirmatif à cet égard que dans son traité des cheptels. *Le possesseur d'un meuble en est parmi nous présumé propriétaire,* dit-il dans sa coutume d'Orléans, *sans qu'il soit besoin d'avoir recours à la prescription, à moins que celui qui réclame et s'en prétend propriétaire ne justifie qu'il en a perdu la possession par quelque accident, comme par un vol.* Or, comme le fait de la part du cheptelier de vendre seul les bêtes de son cheptel ne constitue point un vol, il en résulte que Pothier, en donnant au bailleur le droit de suite, se mettait, dans son traité des cheptels, en contradiction avec ce qu'il dit dans sa coutume d'Orléans. L'opinion qu'il avait soutenue dans son traité des cheptels n'était point, d'ailleurs, destinée à triompher. La discussion qui s'était élevée sur ce point, et que nous avons reproduite, d'après Pothier, n'est, on le sait, qu'une des phases par lesquelles a passé notre règle moderne *En fait de meubles possession vaut titre.*

Cette maxime, et les exceptions qu'y apporte le second alinéa de notre art. 2279, était déjà, paraît-il, sinon expressément formulée, du moins pratiquement consacrée par les lois salique et ripuaire. Mais l'étude du droit romain amena peu à peu dans l'esprit des jurisconsultes une sorte de réaction contre ces idées. De là, les dispositions d'un grand nombre de coutumes exigeant une possession prolongée pendant un temps plus ou moins long pour l'acquisition des meubles par prescription. Plus tard, la pratique en revint aux errements des lois barbares; on ne peut pas préciser l'époque à laquelle s'opéra ce retour, mais la discussion que nous avons reproduite montre que, bien avant le temps de Pothier, le changement était à l'état d'élaboration. Enfin, au XVIIIᵉ siècle, la jurisprudence du Châtelet de Paris, attestée par Bourjon, avait consacré la maxime *En fait de meubles possession vaut titre*.

Ainsi, si on rattache à la théorie de la prescription des meubles la question de savoir si le bailleur peut exercer le droit de suite sur les bêtes de son cheptel vendues par le cheptelier, dans les coutumes qui n'ont pas de dispositions expresses à cet égard, il faut convenir que l'opinion qui lui accordait ce droit de suite devait perdre de jour en jour du terrain pour finir par être complétement rejetée.

Mais peut-être pourrait-on soutenir que cette question du droit de suite, en matière de cheptel, est indépendante de l'acquisition des meubles par prescription; que le droit de suite, en matière de cheptel, devait être admis comme règle spéciale, quelle que fût la règle pour les choses mobilières en général. Du moins une observation de la Thaumassière nous porterait à le penser. Voici ce qu'il dit :

« *Droit de suite* : ce qui se rapporte à la loy salique, titre 38, où le docte Pithou, en ses notes, l'explique. »

Partant de là, ne pourrait-on pas raisonner ainsi : il est reconnu qu'en général, d'après la loi salique, celui qui s'était volontairement dessaisi d'une chose mobilière n'avait qu'une action personnelle en restitution contre la personne à laquelle il l'avait remise, sans pouvoir la revendiquer entre les mains du tiers possesseur. Et cependant, nous voyons, par Thaumas de la Thaumassière et par le docte Pithou, que, d'après cette même loi salique, le bailleur à cheptel pouvait exercer le droit de suite. Il y avait donc une règle particulière pour le bail à cheptel. Le droit de suite conféré au bailleur à titre d'exception existait donc bien avant que l'introduction du droit romain dans nos coutumes vînt en altérer les dispositions primitives, bien avant qu'on autorisât d'une manière générale la revendication des meubles. La nouvelle législation sur la prescription acquisitive des meubles, empruntée au droit romain, ne porta pas, c'est bien certain, atteinte au droit de suite en matière de cheptel, elle l'aurait plutôt confirmé. Lorsque plus tard on tendit à en revenir aux anciens errements, lorsqu'on voulut répudier les modifications introduites sur ce point sous l'influence du droit romain et en effacer l'empreinte, ce retour à la règle indigène, quelle que soit la manière dont il s'est produit, dut s'opérer sans enlever au bailleur le droit de suite qui lui avait toujours été reconnu ; et ainsi l'adoption de la maxime *En fait de meubles possession vaut titre* ne dut pas faire perdre au bailleur son droit de suite ; ce droit de suite existait déjà, alors que cette maxime n'avait pas encore subi d'atteintes ; il dut dès lors subsister également après son triomphe définitif.

En admettant que cette conjecture soit fondée, il faudrait toutefois reconnaître que les coutumes de Berry et de Nivernais avaient en un point une règle excessive. La disposition par laquelle le droit de suite est accordé au bailleur, alors même que la vente aurait été faite sur saisie, devrait être considérée comme une disposition particulière à ces coutumes, exorbitante, du droit commun, et ne devant point par conséquent être reçue en dehors de leur ressort.

§ III.

Partage du cheptel.

Indépendamment des obligations que nous venons d'étudier, le bailleur et le preneur, par le contrat de cheptel, contractent encore l'un envers l'autre des obligations respectives pour le partage de ce cheptel.

Le partage est l'acte pour lequel les parties font cesser les effets du contrat, et déterminent leurs droits respectifs.

On l'appelait aussi *exig* dans notre ancienne jurisprudence, soit parce que, pour le faire, le bailleur et le preneur entrent en compte *ab exigendis rationibus*, soit parce que, pour faire l'estimation du cheptel nécessaire au partage, on le fait sortir des étables, *quia pecudes educuntur e stabulis, quod Romani exigere dicebant.*

Dans le cours du cheptel, certaines choses ont pu se partager au fur et à mesure de leur échéance : les toisons, par exemple, se partagent habituellement chaque année, après la tonte du mois du juin. Les parties ont bien pu aussi se partager tout ou partie du croît ; souvent aussi le bailleur fait des prélèvements qui diminuent d'autant le cheptel dont le preneur aura à lui rendre compte ; mais ces partages partiels, ces prélèvements, se font d'un commun accord, les coutumes ne formulent point pour eux de règles particulières.

Il en est différemment du partage définitif. Les coutumes expliquent avec beaucoup de soin quand il peut être demandé et comment on y procède. Les règles qu'elles établissent sont spécialement propres au contrat de cheptel, et suffiraient à elles seules pour faire considérer ce contrat, malgré ses analogies avec le bail et la société, comme un contrat particulier.

Le partage peut être demandé tout d'abord lorsque le preneur mésuse du cheptel et le laisse dépérir. *Son mauvais mesnage*, dit Coquille, *autorise le bailleur à exiger le partage sans distinction de temps.* Ce n'est là que l'application du droit commun.

En dehors de ce cas accidentel, le partage peut être demandé lorsque le temps que doit durer le bail à cheptel est expiré.

Mais quel est ce temps ? Il peut être fixé d'une manière expresse ou d'une manière tacite.

Quand les parties faisaient une convention expresse

à cet égard, elle devait naturellement être respectée ; la mort de l'une des parties n'aurait pas même été une cause de cessation du cheptel.

Le Thaumassière, le commentateur de la coutume de Berry, nous apprend que dans cette province il était d'usage que le bailleur stipulât la faculté d'exiger le partage toutes fois et quand bon lui semblerait ; et il déclare que cette clause était valable, alors même qu'elle n'était pas réciproque, et que pareille faculté n'était pas accordée au preneur. Mais Pothier fait remarquer avec raison que cette clause ne devrait pas être respectée, et que la faculté devrait être réciproque si l'avantage qui en résulte pour le bailleur n'était pas compensé par quelque autre avantage fait au preneur.

Il va de soi que cette clause, réciproque ou non, devait être interprétée *civiliter*, c'est-à-dire que le partage ne pouvait jamais être demandé que *tempore opportuno* : le bailleur, par exemple, n'aurait pas pu, en vertu de cette clause, exiger le partage dans le fort des moissons.

Lorsque les parties avaient fixé par leur convention la durée du cheptel, si à l'expiration du temps elles laissaient quinze jours s'écouler sans demander le partage, il s'opérait une tacite reconduction, en vertu de laquelle le bail se prolongeait jusqu'à la Saint-Jean suivante.

Voyons maintenant quand le partage pouvait être demandé lorsque les parties étaient restées muettes à cet égard dans leurs conventions.

Les coutumes de Berry et de Nivernais avaient sur ce point des règles différentes.

D'après la coutume de Berry, lorsque le bail avait été fait par un propriétaire à son fermier ou métayer, le bail à cheptel était censé fait pour le temps que devait durer le bail du fonds ; à l'égard des autres baux, ils étaient censés faits pour trois ans ; et si, après l'expiration des trois années, quinze jours se passaient sans que ni l'une ni l'autre des parties demandât le partage, il se faisait, comme dans le cas où le temps que devait durer le bail avait été exprimé, une tacite reconduction jusqu'à la Saint-Jean suivante.

Dans la coutume de Nivernais, au contraire, le bail à cheptel, à défaut de convention particulière, se prolongeait indéfiniment, mais à la charge d'un droit réciproque de résolution, qui pouvait s'exercer tous les ans, et deux fois par an, soit à la Saint-Jean, soit à la Saint-Michel.

Voici ce que porte sur ce point l'art. 9 de cette coutume :

« Le bailleur peut exiguer, demander compte et exhibition de son bétail, et iceluy priser une fois l'an, depuis le dixième jour devant la Nativité de saint Jean-Baptiste jusques audit jour exclus, et non en autre temps ; et le preneur peut en cas pareil requérir ledit bétail être visité, et iceluy priser depuis le dixième jour devant la St-Martin d'hyver jusques audit jour exclus, s'il n'y a convenance au contraire. »

En commentant cet article, Coquille nous apprend que dans l'ancienne rédaction de la coutume il n'y avait qu'une seule époque fixée pour *exiguer* : c'était la Saint-Martin d'hiver. Il préfère sans doute la règle nouvelle, car voici ce qu'il dit : *En chacune des deux saisons, le bétail doit être en bon point, et il y a peu d'intérest en la prisée, car à la fête de saint Jean il a mangé les herbes nouvelles et s'est refait du mal aisé de l'hyver, à la fête de saint Martin il a suivi les prez fauchés et les terres labourables dépouillées. Vers la fête de saint Jean, le preneur doit avoir sombré les terres et avoir commencé à biner; vers la fête de saint Martin le laboureur bon ménager a achevé ses semailles.*

Sous ce même article, Coquille fait remarquer aussi que la clause par laquelle le bailleur se réserverait la faculté d'exiger le partage toutes et quantes fois il lui plairait devrait être entendue avec tempérament; que le bailleur ne pouvait en user qu'en saison tempestive; il veut en outre que la faculté soit réciproque. *Quand la faculté d'exiguer à volonté par le contrat est octroyée au bailleur, semble, dit-il, que la raison est que le preneur l'ait pareille.*

Etant ainsi fixé sur le point de savoir quand le partage peut être demandé, il nous faut examiner maintenant d'après quelles règles il doit être fait.

Nous savons par tout ce qui précède que le fonds de cheptel reste propre au bailleur, que le cheptelier est responsable de toute perte ou détérioration causée par sa faute, qu'il doit même supporter sa part de celles arrivées par cas fortuit; et, comme le bailleur doit lui abandonner pour lui seul les laitages, graisses ou fumiers et labeurs, il s'ensuit que les seules choses à faire entrer en compte, les seules choses à partager, sont d'une part les pertes, s'il y en a, et d'autre part les toisons et le croît.

Par croît on doit entendre ici non-seulement l'accroissement de valeur qui résulte pour le troupeau de la multiplication des bêtes, mais encore celle qui peut provenir de l'augmentation du prix intrinsèque de chacune d'elles.

« Ce qui se dit de croît s'entend en deux sortes, dit Coquille : l'une pour la multiplication des chefs, qui se fait naturellement par génération ; l'autre, pour l'augmentation de la valeur, qui avient tant par l'âge, comme d'une thore ou génisse devenue vache, que de l'amendement que fait le preneur en faisant engraisser les bœufs quand ils sont vieux. »

Il était facile d'appliquer au partage du cheptel les règles qui président à l'organisation des partages en général, et d'assimiler à cet égard les cheptels aux sociétés. En s'inspirant de ces idées, on aurait naturellement décidé que le bailleur devait avant tout prélever la valeur du cheptel qu'il avait fourni au cheptelier, en prenant autant que possible des bêtes de même espèce et de même prix que celles dont se composait à l'origine le troupeau ; en cas de déficit, le cheptelier lui aurait tenu compte de toute perte survenue par sa faute, et de la moitié de celle survenue par cas fortuit ; en cas d'excédant, le bailleur et le cheptelier l'auraient partagé par égale portion, en imputant toutefois sur celle du cheptelier la perte causée par sa faute ; et, si on n'avait pu arriver à faire deux lots parfaitement égaux, l'inégalité en nature se serait compensée par un retour en argent fait par celui dont le lot aurait été plus fort, à celui dont le lot aurait été plus faible.

Mais ce n'est point sur ces bases que les coutumes

avaient établi le partage du cheptel. En réalité même, ce n'est point un véritable partage qu'elles avaient organisé; ce n'est point par une attribution de lots qu'elles avaient déterminé les droits des parties, qu'elles liquidaient leur compte respectif : c'est plutôt par une offre de vente, d'adjudication faite par l'une des parties à l'autre, que l'on procédait; de telle sorte que la partie qui voulait faire cesser le bail devait, pour y arriver, conférer à l'autre la faculté de garder tout le cheptel pour une certaine somme, ou de le lui laisser au même prix. Par suite, l'une gardait le cheptel entier, l'autre recevait une somme d'argent. C'était plutôt une vente, une adjudication, qu'un véritable partage : l'acte s'appelait plutôt *exig* que partage.

Voici, en effet, la règle que prescrivaient les coutumes :

Celle des deux parties qui voulait exiger le partage, soit le bailleur, soit le preneur, devait estimer et priser les bêtes. Quand l'estimation et la prisée étaient faites par elle, l'autre partie, soit le preneur, soit le bailleur, avait le droit de choisir entre les deux partis suivants : ou bien garder tout le cheptel au prix d'estimation, en payant à l'autre sa part en argent de cette estimation; ou bien abandonner à celle-ci le cheptel, en exigeant en argent la part lui revenant.

Ainsi, quand c'était le bailleur qui avait pris l'initiative et demandé le partage, après l'estimation par lui faite, le cheptelier avait un certain délai (huit jours dans le Berry, dix jours en Nivernais) pour exercer son droit d'option.

S'il voulait garder le cheptel, il le pouvait en payant

au bailleur l'estimation tout entière si elle était inférieure à celle faite lors du contrat, et alors il devait en
outre lui tenir compte de toute perte occasionnée par sa
faute, et même, aucune faute n'ayant été commise, de
la moitié de la différence entre la première estimation
et la dernière. Dans le cas où l'estimation était supérieure à celle faite lors du contrat, il avait à payer le
prix de cette première estimation et la moitié de l'excédant de la dernière sur la première; et si le cheptelier
avait, dans le cours du cheptel, causé par sa faute une
perte, le montant de cette perte devait être estimé pour
être ajouté à cet excédant, auquel le bailleur avait droit
pour moitié.

Que si, au contraire, le cheptelier préférait laisser le
cheptel tout entier au bailleur, il le pouvait également,
et alors il fallait encore distinguer si le cheptel valait
plus ou moins lors du contrat. Le cheptel valait-il plus,
le bailleur devait payer au cheptelier la moitié de l'excédant, à moins toutefois que quelque perte imputable au
cheptelier ne fût survenue, auquel cas l'estimation de
cette perte devait venir en déduction de l'excédant dont
le cheptelier pouvait réclamer moitié.

Le cheptel valait-il moins, non-seulement le cheptelier n'avait rien à prétendre, mais il devait encore payer
cette moins-value, soit tout entière s'il y avait eu faute
de sa part, soit pour moitié si aucune faute ne lui était
imputable.

On suivait les mêmes règles, *vice versâ*, quand
c'était le cheptelier qui avait pris l'initiative et demandé
le partage; alors c'était le bailleur qui avait à exercer
le droit d'option : il pouvait en user comme le chepte-

lier, et les comptes se réglaient de la même manière.
Le bailleur voulait-il garder le cheptel, il payait au
cheptelier la moitié de la plus-value, de laquelle on dé-
falquait la perte qui était provenue de la faute du cheptelier. En cas de déficit, le preneur en devait tenir
compte de la manière que nous avons indiquée. Voulait-il laisser le cheptel au cheptelier, celui-ci devait lui
payer la première estimation et la moitié de l'excédant,
et si le cheptel avait diminué, le cheptelier devait payer
d'abord la valeur actuelle du cheptel et aussi ce qui
manquait pour le tout ou pour moitié, suivant qu'il
avait commis ou non quelque faute.

Tel était le système organisé par les coutumes ; il
était le même et dans le Berry et dans le Nivernais, sauf
de légères différences quant au délai accordé pour l'option et pour le payement à faire par le cheptelier.

La coutume de Berry ne donnait que huit jours pour
faire l'option ; et à l'expiration de ce délai l'option devait être faite et le payement effectué au comptant,
même par le cheptelier.

La coutume de Nivernais, au contraire, donnait dix
jours pour faire l'option, et elle accordait en outre au
cheptelier pour payer un nouveau délai de huit jours
à partir de son option, pourvu qu'il présentât une
caution.

Voici, au surplus, les articles de ces coutumes qui
traitent de cette matière :

Art. 4, *coutume de Berry* :

« En cheptel, celuy qui veut exiguer après le temps
conventionnel ou de la coutume passée, et qui demande
partage, soit le bailleur ou le preneur, doit estimer et

priser lesdites bêtes ; et selon icelle prisée, pourra, celui lequel on somme d'exiguer, retenir lesdites bêtes
si bon luy semble, ou les laisser pour ledit prix à celuy
qui les a estimées, dedans la huitaine ensuivant, lequel
priseur où lesdites bêtes seront laissées pour ledit
prix, sera tenu de payer comptant, à savoir, si le preneur les a prinses et lui demeurent, de payer ledit
droit de chetel au preneur et la moitié de ce que mon-
tera ladite prisée, outre ledit droit de cheptel ; et si
elles demeurent au bailleur, sera tenu iceluy bailleur
déduire son droit de cheptel, et, s'il y a gain, bailler la
moitié d'iceluy au preneur. »

Art. 10, *coutume de Nivernais* :

« Après que le bailleur aura exigué et prisé lesdites
bêtes, le preneur présent ou appelé, iceluy preneur a dix
jours par la coutume pour, à son choix, retenir lesdites
bêtes pour le prix que ledit bailleur les a prisées en
exiguant, ou pour les laisser audit bailleur pour ledit
prix ; et si ledit preneur s'appreste par son choix à les
retenir, il sera tenu de bailler plege dudit prix, obligé
comme principal débiteur, avec renonciation d'ordre,
de discussion et bénéfices de division, de payer ladite
somme dedans les dix jours ; autrement ledit seigneur
pourra prendre et emmener ledit bétail pour le prix
qu'il est estimé. »

Art. 11, *coutume de Nivernais* :

« Et quand le preneur a prisé lesdites bêtes au
temps qui luy est permis, le bailleur a semblables
temps et choix que dessus pour les retenir ou les laisser. »

L'article suivant ajoutait, et avec raison, que pendant le délai d'option le preneur devait continuer à loger et à nourrir le bétail :

« Et en chacun des cas susdits, pendant ledit temps de dix jours, le preneur est tenu d'alimenter, garder et nourrir lesdites bêtes comme dessus. » (Art. 12.)

Coquille, se posant sur cet article la question de savoir à la charge de qui sera le péril, si le bétail meurt ou se perd dans ces dix jours, la résout judicieusement de la manière suivante : « *Je croy*, dit-il, *que si celuy qui est en son délay de choisir n'a pas encore déclaré son choix, la perte est à telle condition, comme elle était avant le prisage et durant le temps que le bail à cheptel était en sa vigueur, car audit cas l'obligation n'est pas finie; mais si la perte vient après le choix déclaré, le péril de la perte est pour celuy à qui le bétail est demeuré par le choix; car par l'option il est fait sien propre, et en ce cas se doit dire que l'estimation transfère le péril.* »

Tel était le système de partage du cheptel, d'exig, comme on disait, qu'avaient organisé les coutumes. Il présentait, il est facile de le voir, d'assez grands inconvénients. Et d'abord l'égalité, qui doit être le but de toute règle sur le partage, n'y était qu'apparente. Sans doute le système se proposait de la procurer au moyen d'une juste estimation : et il est bien vrai que la partie qui la faisait avait intérêt à la faire juste, ayant lieu de craindre que si elle était trop faible, l'autre partie ne prît le cheptel pour cette estimation, et qu'au contraire, si elle était trop forte, elle ne le lui laissât. Et, à ce point de vue, le système pouvait être bon, lorsque les deux parties étaient, comme le dit Pothier, l'une et l'autre bien ou argent comptant. Mais cela ne devait pas arriver souvent ; la plupart du temps le cheptelier en était dépourvu, et alors la manière de partager prescrite par les coutumes donnait un grand avantage au bailleur. L'égalité était donc violée le plus souvent : le cheptelier était à la discrétion du bailleur. On peut remarquer, en outre, que ce système était en opposition avec la règle d'après laquelle le cheptel reste propre au bailleur, et ne témoignait ainsi d'aucun respect pour son droit de propriété. En réalité, son droit de propriété était à la merci du cheptelier. Enfin, ce système présentait encore un inconvénient plus grand à l'égard des cheptels de métairie. Le propriétaire devait souvent se trouver dans l'alternative de se résigner à voir sa métairie dégarnie, ou de payer le cheptel au-delà de sa valeur. Le propriétaire faisait-il l'estimation à juste prix ? le métayer sortant prenait le troupeau par dépit, pour dégarnir la métairie ; était-ce le métayer qui donnait l'estimation ? il la portait à un taux très-élevé, et le propriétaire qui avait intérêt à conserver son troupeau était contraint de le prendre à un prix exorbitant.

On peut dès lors se demander pourquoi, malgré tous ces inconvénients, les coutumes avaient cependant adopté le système que nous venons d'exposer, pourquoi toutes les coutumes, et celles de Berry, et celle de Nivernais, et celle de Bourbonnais, avaient rejeté pour le partage des cheptels les règles des partages en général. Comment expliquer leur accord pour consacrer des dispositions qui paraissent et sont effectivement anormales ? Le silence des anciens commentateurs nous réduit à cet égard à de simples conjectures. Il nous paraît probable qu'en établissant ces règles, par suite desquelles le partage s'opérait au moyen de l'attribution de tout le cheptel à l'un et d'une somme d'argent à l'autre, les coutumes s'étaient proposé tout d'abord de favoriser l'éducation et la conservation des troupeaux; c'est dans ce but qu'elles avaient organisé entre le bailleur et le cheptelier un mode de partage qui laissait le troupeau intact, qui ne le divisait point. En outre, si on rapproche des règles du partage celles établies pour déterminer quand les parties peuvent le demander, et si on cherche à se rendre compte de l'esprit de ces dispositions, on est amené à en induire que les coutumes ont dû par ces règles chercher à atteindre des résultats opposés, à donner satisfaction, par une heureuse conciliation, à deux intérêts qui paraissaient incompatibles, d'une part, à l'intérêt qu'il y avait à ce que les parties puissent toujours, à leur volonté, faire cesser les effets du contrat du cheptel, d'autre part à l'intérêt qui s'attachait à la prolongation du bail et à ce que le troupeau ne fût pas enlevé inopinément à celui des deux qui aurait désiré en continuer l'exploitation. La combinaison des règles sur le partage avec celles fixant le moment où le bail peut cesser montre en effet que chacune des parties peut toujours rompre l'association, que la dissolution est facultative pour chacune des parties, à la seule condition de la demander *tempore opportuno*; mais, par contre, celle des parties qui exige la cessation du bail s'expose par là même à perdre tout droit sur le troupeau et à n'avoir pour sa part qu'une somme d'argent. Par là on voit que, si la dissolution est facultative, chacune des parties est cependant intéressée à attendre que l'autre la provoque, et, en outre, que la partie contre laquelle le partage est demandé, peut, s'il lui répugne d'abandonner le troupeau, le garder tout entier pour elle. Et ainsi, tout en laissant les parties libres de faire cesser le cheptel à leur volonté, on en avait cependant favorisé la prolongation, et, par la manière assez étrange dont était organisé le partage, on était parvenu à concilier deux intérêts opposés: l'intérêt de celui qui voulait le partage et l'intérêt de celui qui ne le voulait pas. Tel était, pensons-nous, le but qu'avaient voulu atteindre les coutumes, tel était l'esprit de leurs dispositions.

Mais leur application avait révélé les nombreux inconvénients que nous avons signalés; aussi, dans la pratique, avait-on dû cherché à s'y soustraire. La Thaumassière, le commentateur de la coutume de Berry, nous apprend qu'on avait fait difficulté pour soumettre au mode de partage établi les cheptels de métairie : la question avait été résolue en faveur du système consacré par la coutume; mais elle avait été fortement discutée. Et cet auteur conseille aux parties de ne pas manquer d'appeler dans les baux une clause particulière pour régler entre leur partage. A s'en rapporter à la formule du bail à cheptel qui se trouve dans le répertoire de jurisprudence de Guyot, on peut voir que ce conseil était suivi. Voici ce que porte l'art. 4 de cette formule : « Si le cheptel se trouve valoir à l'expiration du bail plus qu'il ne vaut actuellement, le bailleur ayant une fois prélevé la somme de....., à quoi son cheptel vient d'être estimé , l'excédant de valeur sera partagé également entre lui et le preneur; et si , au contraire, etc. »

Et même dans le Bourbonnais , le mode d'*exiguer* prescrit par la coutume, qui était sur ce point semblable à celle de Berry, était complétement tombé en désuétude , ainsi qu'on peut le voir dans Auroux des Pommiers sur l'art. 555 de cette coutume de Bourbonnais.

Voici comment on procédait dans cette province : A la fin du bail, pour parvenir au partage, on faisait une nouvelle prisée, ou estimation par des experts convenus entre les parties, de chacune des bêtes qui composaient le cheptel. Cette prisée étant faite, le bailleur prélevait le même nombre de bêtes de chaque espèce qu'il avait fourni: si par la nouvelle prisée qui en était faite elles étaient d'un plus grand prix que celles fournies par lui, il devait faire raison au preneur de la moitié de l'augmentation ; si, au contraire, elles étaient de moindre prix, le preneur lui faisait raison de la moitié de la différence ; puis le surplus, qui était le croît du cheptel, se partageait en deux lots entre le bailleur et le preneur. Que si le nombre des bêtes de quelque espèce se trouvait moindre qu'il n'était lors du bail, le preneur devait faire raison de la moitié du prix de celles qui se trouvaient de manque, suivant la prisée faite lors du bail.

IV.

Conventions réprouvées dans le contrat de cheptel.

Les règles que nous venons d'exposer dans les trois sections précédentes étaient établies par les coutumes pour régir le contrat de cheptel lorsque les parties, en le faisant, n'avaient pas eu le soin de le réglementer elles-mêmes par des conventions particulières. Les parties étaient parfaitement libres, en principe, de déroger, dans ce contrat comme dans tout autre, aux dispositions légales, et d'y substituer l'expression de leur propre volonté. Toutefois, sur ce point, la législation des coutumes avait imprimé au contrat de cheptel un caractère particulier ; car, tandis qu'en général et d'après les règles ordinaires la nullité des clauses volontairement consenties ne doit être prononcée qu'autant que ces clauses sont contraires à la morale ou à l'ordre public, en matière de cheptel, au contraire, certaines conventions étaient prohibées par le seul motif qu'elles auraient pu être préjudiciables au cheptelier. On avait considéré que les chepteliers, livrés le plus souvent par leur pauvreté et leur ignorance à la merci des propriétaires de bestiaux, se seraient laissé facilement imposer des conditions trop onéreuses, sans même en apprécier l'étendue et les suites, si, par des dispositions sagement restrictives, on ne leur eût pas accordé une protection qu'ils ne pouvaient tirer d'eux-mêmes.

C'est pour cette raison que certaines conventions

étaient réprouvées. Nous devons les faire connaître pour terminer notre étude sur les cheptels simples.

Et d'abord, la Thaumassière nous apprend que dans la province de Berry on ne pouvait pas donner à cheptel toute espèce d'animaux ; il n'y avait que ceux qu'il était d'usage de donner de cette manière à cheptel qui pouvaient faire l'objet de ce contrat : telles étaient les bêtes à laine, les chèvres, et les bêtes aumailles, c'est-à-dire les bœufs, chevaux, ânes et mulets ; car, après avoir désigné autrefois par ce mot tous les bestiaux privés, on en avait peu à peu restreint la signification au gros bétail, aux animaux qui étaient *mancipi* en droit romain.

A l'égard des porcs, la question avait été controversée, mais on l'avait décidée négativement, conformément à une sentence du présidial de Bourges. La Thaumassière approuve cette sentence. La raison, dit-il, est que, la nourriture de ces animaux étant très-coûteuse, et la moitié des croîts étant à peine suffisante pour récompenser le cheptelier des frais de garde et de nourriture, cette moitié du croît ne peut plus le payer du prix du risque de la perte du cheptel par cas fortuit dont on le chargerait pour moitié. A cette raison on peut ajouter que les porcs ne donnent aucun profit en dehors des croîts et des fumiers, tandis que les autres animaux sont encore avantageux soit par leur travail, soit par leurs laitages et leurs toisons.

En droit romain, les porcs avaient déjà eu l'honneur d'une mention spéciale dans la loi Aquilia, et on avait douté s'ils devaient être rangés dans le premier chef.

Dans la province de Nivernais, la décision de la

Thaumassière ne devait point être admise, car l'art. 1
de la coutume porte que toutes manières de bêtes se
peuvent bailler à croît et chaptel.

Et même dans la province de Berry, ce n'était que le
cheptel pur et simple de porcs qui était prohibé. Les
animaux pouvaient être donnés à cheptel quand le bailleur fournissait une partie considérable de la nourriture, ou quand il s'engageait à supporter la perte par
cas fortuit, ou bien encore quand le cheptelier prenait
plus de la moitié des croîts, ou enfin quand ce dernier
était le métayer ou le fermier du bailleur à cheptel.

Nous avons vu que la question de savoir si le cheptelier peut se charger de la moitié de la perte par cas
fortuit avait été vivement controversée ; que les auteurs
ecclésiastiques avaient prétendu qu'une telle clause devait être illicite : leur opinion n'avait point prévalu.

Mais les coutumes prescrivaient comme inique la
convention par laquelle le preneur serait chargé
pour le total du risque de cette perte par cas fortuit.
« Tous contrats de bêtes à cheptel, dit l'art. 11 de la
coutume de Berry, duquel le bailleur doit prendre
profit et émolument de fruit, s'il est dit en iceux que
les bêtes seront aux périls et fortunes du preneur entièrement, et que le cas fortuit advenant sur icelles sera
soutenu du tout par icelui preneur, sont réputés nuls,
comme illicites. »

Etait encore prohibée la clause par laquelle on aurait fait supporter au preneur une plus grande part
dans la perte que celle que la coutume lui faisait supporter, à moins qu'il n'en fût récompensé par une plus
grande part dans le profit.

Il en était de même, *vice versa*, de la clause par laquelle, en chargeant le preneur de la moitié de la perte, on lui aurait retranché quelque chose de la moitié des profits.

C'est ce qui est décidé par l'art. 15 de la coutume de Nivernais, ainsi conçu : « S'il y a autres convenances que les dessus dites, par lesquelles il y ait inégalité de profit et dommage, les dites convenances sont réputées illicites, et les bailleurs punis comme usuriers. »

Par suite, étaient réprouvées comme illicites les clauses par lesquelles le preneur se serait obligé de céder sa part dans les toisons au bailleur pour un prix inférieur au juste prix ; celles par lesquelles quelque chose des profits des laitages, des fumiers et labeurs des bêtes aurait été retranché au cheptelier, et enfin celles par lesquelles le bailleur se serait réservé de prélever au partage, à la fin du bail, quelque chose de plus que la valeur du cheptel qu'il avait fourni, suivant la prisée qui en avait été faite lors du contrat, ou quelque chose de différent.

Toutes ces prohibitions étaient conçues dans un but de protection pour les chepteliers. Rien ne s'opposait par conséquent à ce qu'on mit la perte soit pour la totalité, soit pour une part plus forte que la moitié à la charge du bailleur, tout en ne lui attribuant que la moitié des laines et des croîts ; on pouvait également convenir licitement que le cheptelier prendrait la part de toison du bailleur à un prix inférieur au véritable prix, ou que ce cheptelier pourrait prélever quelque chose sur le cheptel avant le partage.

Pour le partage, nous avons vu que la Thaumassière

pensait que le bailleur pouvait se réserver le droit de l'exiger quand bon lui semblerait, sans que pareille faculté fût accordée au preneur. Coquille, au contraire, pensait que la cause devait être réciproque, et que si le bailleur avait stipulé seul le droit d'*exiguer* à sa volonté, pareille faculté était virtuellement conférée au preneur. Cette divergence d'opinions entre ces deux auteurs provenaient probablement de ce que les coutumes qu'ils commentaient avaient des règles différentes sur la cessation du contrat de bail à cheptel.

Telles étaient les clauses prohibées.

Mais on s'était demandé si ces clauses illicites dans les baux à cheptel principaux, c'est-à-dire ne se rattachant point à un bail de métairie, l'étaient également dans les cheptels de métairie, c'est-à-dire dans les cheptels qui interviennent entre un propriétaire et son fermier ou métayer. On avait décidé qu'elles ne pouvaient être proscrites dans ces derniers baux ; on doit présumer, avait-on dit, que le cheptelier qui consent à ce que le bailleur stipule de pareils avantages en est indemnisé par les conditions du bail du fonds ; le bailleur devait être censé avoir affermé son bien pour un prix moindre que celui pour lequel il eût pu l'affermer s'il n'avait pas exigé pour le cheptel des conditions particulières et avantageuses.

Il ne nous reste plus qu'une question à examiner sur cette matière ; quelle doit être la sanction des prohibitions dont sont frappées les clauses que nous venons d'énumérer ? que doit-on décider lorsque ces clauses illicites se rencontrent dans un contrat de cheptel ? La question est complexe. Il y a lieu de l'examiner dans deux hypothèses différentes : dans l'hypothèse où le bail à cheptel, infecté de ses clauses, n'a pas encore reçu son exécution, et dans celle où, le bail à cheptel ayant été exécuté nonobstant ces clauses, il s'agit, à son expiration, de faire le partage.

Sur la première, il y a à décider si la stipulation de la clause illicite vicie le contrat de cheptel de telle sorte que son exécution ne puisse être demandée ni par l'une ni par l'autre des parties contractantes, ou si elle peut être demandée par l'une des parties et non par l'autre, ou si enfin, la clause illicite étant réputée non écrite, le contrat doit, pour le reste, sortir son plein et entier effet.

La seconde hypothèse nous place en présence d'un contrat de cheptel qui, quoique infecté de clauses illicites, a cependant reçu son exécution ; et la question est de savoir si, pour le partage, la nullité de la clause illicite peut être invoquée aussi bien par le bailleur que par le preneur.

En autres termes, et pour formuler ces questions en questions de principes, est-ce le contrat de cheptel dans lequel se rencontrent les clauses illicites qui est frappé de nullité pour le tout ? ou, au contraire, la nullité n'est-elle prononcée que contre ces clauses illicites, sans atteindre le contrat dans son existence ? et, en se prononçant dans le dernier sens, faut-il décider que la nullité des clauses illicites est une nullité radicale, ou au contraire une nullité relative ?

Ainsi, en premier lieu, un contrat de cheptel a été fait dans lequel le bailleur a stipulé que le cheptelier ne prendrait qu'un tiers du croît et supporterait les deux tiers de la perte ; ce contrat n'a pas encore été exécuté : l'exécution peut-elle être demandée ? le bailleur peut-il contraindre le cheptelier à prendre le cheptel ? le cheptelier peut-il contraindre le bailleur à le lui livrer ? en autres termes le cheptel est-il nul pour le tout, ou n'y a-t-il que la clause illicite qui soit frappée de nullité ?

A ne consulter que la coutume de Berry, on serait porté à croire que c'est le contrat de cheptel lui-même qui est nul pour le tout. L'art. 2 de cette coutume que nous avons cité semble formel dans ce sens :

« Tous contrats de bêtes à cheptel, dit-il, duquel le bailleur doit prendre profit et émolument du fruit, s'il est dit en iceux que les bêtes seront aux périls et fortunes du preneur entièrement et que le cas fortuit advenant sur icelles sera soutenu du tout par icelui preneur, seront réputés nuls, comme illicites. »

On le voit, c'est le contrat lui-même que l'article déclare nul ; et les principes généraux pourraient être invoqués pour confirmer cette interprétation : un contrat ne saurait subsister, pourrait-on dire, sans cause licite ; la cause licite est une des conditions essentielles à l'existence d'un contrat. Or le contrat de cheptel dans lequel se trouvent insérées les clauses indiquées manque de cause licite ; car quelle est la cause du droit pour le cheptelier de prendre un tiers des croîts ? c'est évidemment l'obligation qu'il a contractée de supporter les deux tiers des pertes; mais cette obligation est déclarée illicite: donc la cause est illicite, donc le contrat est nul pour le tout.

Quelle que soit l'apparence logique de ce raisonnement, nous ne croyons point que l'art. 11 de la coutume de Berry doive être entendu dans le sens d'une nullité, entraînant l'anéantissement du contrat. Si telle avait été la signification de cet article, la coutume du Berry se serait trouvée à cet égard en opposition formelle avec la coutume de Nivernais. Cette coutume s'exprime d'une manière bien différente.

« S'il y a autres convenances que les dessus dites, porte l'art. 15, par lesquelles il y ait inégalité de profits et dommages, lesdites convenances sont réputées illicites, et les bailleurs punis comme usuriers. »

Ce n'est pas, d'après cette coutume, le contrat de cheptel lui-même qui est nul, mais seulement les clauses illicites qui y ont été apposées. Il ne peut pas y avoir de doute à cet égard. Or, la coutume de Berry et de Nivernais avaient-elles, sur le point qui nous occupe, une règle différente ? Non, évidemment ; car si la règle avait été différente, Coquille, qui, en commentant la coutume de Nivernais, se réfère toujours à la coutume de Berry, n'aurait pas manqué de le faire remarquer. Or, la Thaumassière, commentateur de la coutume de Berry, ne fait aucune observation sur l'art. 11 de cette coutume, et Coquille, sur l'art. 15 de la coutume de Nivernais, n'entre point dans l'explication des clauses illicites prohibées par cet article ; il se borne à faire l'exposé des règles sur l'usure. Or ne doit-on pas conclure du silence de Coquille qu'il n'y avait point divergence de règles, sur la matière qui nous occupe, entre la coutume de Berry et celle de Nivernais ? que cette dernière ne faisait que reproduire la même règle que la première, en la formulant en termes plus explicites ?

Ainsi quand la coutume de Berry disait que les contrats de cheptel dans lesquels se trouveraient des
clauses illicites seraient nuls, cela voulait dire que les
conventions par lesquelles les parties réglementaient
leur contrat de cheptel devaient être écartées lorsqu'elles étaient prohibées; que dès lors les parties devaient être considérées comme n'ayant point fait de
convention particulière, et être soumises, en conséquence, aux règles légales des cheptels. Les clauses
illicites étaient des pactes ajoutés au contrat qui pouvaient tomber sans anéantir le contrat.

La nullité ne portait donc que sur les clauses illicites,
sans atteindre l'existence du contrat.

Mais cette nullité dont étaient frappées les clauses
illicites était-elle radicale, absolue ou seulement relative? Le bailleur pouvait-il l'invoquer aussi bien
que le cheptelier, ou, au contraire, le cheptelier seul
pouvait-il s'en prévaloir? C'est le second point que
nous avons à examiner; il a une importance qu'il est
facile d'apercevoir.

Supposons que pour avoir les 5|8 du croît, le chep-
telier se soit engagé à supporter les 6|8 de perte: il
n'y a pas de doute qu'en cas de perte, le cheptelier
pourra invoquer la nullité de la convention et ne supporter que la moitié de la perte; mais s'il y a des béné-
fices à partager, pourra-t-il réclamer les 5|8, ou, au
contraire, le bailleur pourra-t-il restreindre son droit à
la moitié?

On pourrait dire : ce n'est pas la clause qui attribue
au cheptelier les 5|8 de bénéfices qui est nulle, mais
seulement la clause qui lui fait supporter les 6|8 de

perte. Les clauses illicites n'ont été proscrites qu'en
faveur du cheptelier, puisque la nullité n'en a été prononcée que pour les protéger; eux seuls par conséquent
peuvent invoquer cette nullité. Dès lors la nullité est
relative et non absolue, et par conséquent le cheptelier
peut s'en prévaloir, en cas de perte, pour n'en supporter que la moitié, et le bailleur ne peut, quand il y
a des profits, restreindre à la moitié la part du cheptelier.

Ce raisonnement, quoique les auteurs modernes lui
aient donné leur assentiment, ne nous paraît point
juste. Il est, suivant nous, contraire tout à la fois à la
logique et au texte des coutumes, et aboutit à une répartition des profits et des pertes qui n'est ni celle
adoptée par les parties, ni celle établie par la loi. —
Quand les parties ont stipulé que le cheptelier supporterait les 6/8 des pertes et n'aurait droit qu'aux 5/8 des
profits, dans leur pensée évidemment il n'y avait là
qu'une seule et unique clause : si le cheptelier devait
avoir 5/8 de bénéfice, c'était évidemment parce qu'il
devait supporter 6/8 des pertes; la fixation de la perte
servait de cause à la fixation des profits. Si la fixation
de la perte aux 6/8 est illicite, ce n'est pas en elle-
même qu'elle est illicite, elle n'est illicite que par cor-
rélation à la fixation des 5/8 dans le profit, déclarée
insuffisante eu égard à la charge de supporter les 6/8
des pertes. Si cette clause des 6/8 des pertes n'est
illicite que par sa combinaison avec les 5/8 des profits,
en annulant l'une on doit nécessairement annuler
l'autre : la clause de 6/8 de perte étant annulée, la
clause des 5/8 de profit n'a plus de raison d'être, se

trouve sans cause : on peut dire qu'en réalité les parties n'ont point établi de répartition pour les profits et pertes, et dès lors la répartition légale de moitié pour les pertes et moitié pour les profits reprend son empire : à défaut de conventions spéciales, la loi.

Autrement la conséquence à laquelle on arriverait serait vraiment bizarre : car la répartition des profits et pertes ne serait ni celle qu'ont voulu les parties, ni celle qu'établit la loi. Les parties l'ont fixée à 5/8 de profits et à 6/8 de pertes, la loi la fixe à 1/2 de profit et 1/2 de perte, et le système que nous combattons voudrait qu'elle soit de 1/2 pour les pertes et 5/8 pour les profits. Comment pourrait-il se faire que les parties fussent soumises à une règle qu'elles n'ont pas adoptée, et qui n'est pas non plus celle de la loi ?

D'ailleurs le texte de l'art. 15 de la coutume de Nivernais est formel dans le sens d'une nullité radicale, absolue, des clauses établissant une inégalité de profits et pertes.

« Et s'il y a autres convenances que les dessus dites, accordées ou observées entre les parties par lesquelles il y ait inégalité de profit et dommage, mêmement quand il y a exaction d'autre profit que les dessus déclarés, lesdites convenances sont dès à présent et pour lors censées et réputées illicites et usuraires. »

Ce texte ne dit point que c'est la clause établissant la part que le cheptelier doit supporter dans la perte qui est nulle, il prononce la nullité contre la clause établissant inégalité de profits et pertes. Or une clause qui établit inégalité de profits et pertes se compose nécessairement d'une clause sur les pertes et d'une clause sur les profits. On peut remarquer aussi ces mots si énergiques : *dès à présent;* c'est au moment même où elle se forme que cette clause est nulle : elle ne naît pas, elle n'a d'existence à aucun moment, et sa nullité est par conséquent radicale et absolue.

En concluant, nous dirons donc que les clauses que les coutumes proscrivent n'entraînent point la nullité du contrat de cheptel dans lequel elles ont été insérées, mais que la nullité dont elles sont frappées est une nullité absolue.

SECTION II.

DU CHEPTEL A MOITIÉ.

Quand les bestiaux faisant l'objet du contrat de cheptel sont fournis par le bailleur seul, il y a, comme nous l'avons vu, cheptel simple; quand au contraire chacune des parties contractantes en fournit la moitié, il y a cheptel à moitié.

Le cheptel à moitié est donc un contrat par lequel chacune des parties contractantes fournit la moitié d'un fonds de bétail que l'une d'elles, appelée cheptelier, doit soigner et gouverner pendant un certain temps, à la charge qu'à l'exception des laitages, graisses ou fumiers et labeurs, qui sont laissés en entier à à ce dernier, tous les profits qu'il y aura sur le cheptel, tant de laines que des croîts et améliorations des bêtes, seront communs entre les parties par moitié, et que la perte par cas fortuit, s'il y en a, sera également ment supportée en commun.

Comme on le voit, la différence entre le chep
simple et le cheptel à moitié consiste en ce que, dan
le cheptel à moitié, chacune des parties contractantes
fournit la moitié du fonds de bétail. Dans ce contrat,
par conséquent, les parties contractantes se devront
réciproquement la garantie que le bailleur dans le cheptel simple doit au preneur.

A cette différence, il faut toutefois en ajouter une
autre relative à la durée du contrat. A défaut de conventions particulières, cette durée est de cinq ans
dans le cheptel à moitié, tandis qu'elle n'est que de
trois ans dans le cheptel simple, ainsi que nous l'avons
vu.

A part ces deux différences, les deux contrats produisent des effets identiques.

Ainsi, dans le cheptel à moitié comme dans le
cheptel simple, le bailleur doit laisser jouir le preneur
pendant le temps fixé par la convention ou par la
coutume. Le preneur doit héberger, nourrir et entretenir le cheptel, veiller à sa conservation, y apporter
les soins d'un bon père de famille ; il est tenu de la
même faute que dans le cheptel simple ; il ne doit
point tirer des laines des bêtes avant la tonte, et il ne
peut ni vendre ni divertir aucune bête sans le consentement du bailleur, et celui-ci a également le droit
de suite.

Quant au partage, il doit aussi s'opérer d'après les
mêmes règles ; le preneur doit supporter seul toute
perte arrivée par sa faute et supporter sa part de
celle survenue par cas fortuit. Il y a à remarquer seulement que, dans le cheptel simple, le bailleur a droit

à la reprise de tout le cheptel fourni , puisque lui seul l'a fourni, tandis que dans le cheptel à moitié , chacune des parties ayant apporté une part de cheptel , chacune d'elles a une reprise à exercer.

Enfin, les clauses qui sont proscrites dans le cheptel simple sont également réprouvées dans le cheptel à moitié.

Ainsi tout ce qui a été dit dans la section précédente sur les cheptels simples s'applique au cheptel à moitié. Il n'est donc pas nécessaire d'insister davantage.

Nous ferons toutefois deux observations avant de passer à l'étude du cheptel de fer :

La première, c'est que si le cheptelier, au lieu de fournir la moitié du fonds de bétail, n'en fournissait qu'un tiers, qu'un quart, ou même n'apportait que quelques bestiaux, les règles à appliquer seraient encore les mêmes ; l'apport du cheptelier serait estimé au moment du contrat, de même que celui du bailleur, et, au partage, chacun d'eux aurait droit à la reprise de la valeur apportée.

La seconde est relative à la nature du contrat de cheptel à moitié.

Nous avons vu que la véritable nature du contrat de cheptel simple était assez difficile à déterminer, qu'il n'y avait point accord à cet égard entre les auteurs : pour le cheptel à moitié, ils n'avaient point éprouvé les mêmes hésitations, et ils avaient vu en lui un contrat de société. Le cheptel à moitié est un vrai contrat de société, dit Pothier.

S'il est vrai que le cheptel à moitié soit un vrai contrat de société, les auteurs auraient dû en dire autant du cheptel simple, car, ainsi que nous venons de le voir, il n'y a point entre ces deux contrats de différences essentielles : la seule différence consiste en ce que dans le cheptel à moitié, le cheptelier, outre ce qu'il apporte au cheptel simple, apporte, en outre, moitié des bestiaux : ainsi son apport est un peu plus important, la garantie du bailleur est un peu plus forte; il y a par conséquent une différence du plus au moins, mais il n'y en a pas d'autres.

Et cependant, nous l'avons dit, le cheptel simple est plutôt un contrat particulier qu'un contrat de société. Il n'en est pas autrement, suivant nous, du cheptel à moitié; lui aussi est plutôt un contrat particulier qu'un vrai contrat de société ; ou du moins, si on veut voir en lui un contrat de société, il faut au moins reconnaître que c'est un contrat de société d'une nature particulière, soumis à des règles spéciales. Nous savons, en effet, que la mort de l'une ou l'autre des parties contractantes ne met pas fin à son existence ; or il est de la nature, sinon de l'essence du contrat de société, que la mort de l'un des associés en entraîne la dissolution. Nous avons vu également que dans les contrats de cheptel simple ou à moitié, on ne peut pas faire de convention établissant une inégalité de profits et de pertes ; ces conventions sont permises, au contraire, dans les sociétés. Il aurait donc été mieux d'assimiler les contrats de cheptel simple et de cheptel à moitié et de leur attribuer à tous les deux ou bien le caractère de société ou bien le caractère de contrats particuliers : ils ne peuvent pas avoir une nature différente.

SECTION III.

DU CHEPTEL DE FER.

Le cheptel de fer est celui par lequel un propriétaire, en louant son fonds de terre, le livre avec les bestiaux dont il est garni à son fermier ou métayer, qui reçoit ces bestiaux sous une estimation qui en est faite, avec la faculté d'en percevoir seul les profits pendant tout le temps du bail, mais à la condition de laisser, à la fin de ce bail, une quantité de bestiaux d'une valeur égale à la somme à laquelle monte l'estimation faite.

Cette espèce de cheptel s'appelle cheptel de fer, parce que ce cheptel est attaché à la métairie ; et les bestiaux qui le composent s'appellent *bêtes de fer*, parce que, ainsi que nous l'apprend Beaumanoir dans la coutume de Beauvoisie, *ces animaux ne peuvent mourir à leur seigneur*, le fermier étant obligé de laisser dans la métairie pour autant de bestiaux qu'il y en avait lors du bail.

Nous avons constaté que le cheptel à moitié ne diffère pas beaucoup du cheptel simple, qu'il n'est même, en réalité, qu'une variété du cheptel simple, réunissant dans sa formation tous les éléments de celui-ci.

Le cheptel de fer, au contraire, comme on le voit par la définition, ne ressemble en rien aux deux premiers : ce sont des combinaisons absolument différentes qui président à sa formation.

Dans ce cheptel, l'association ne joue aucun rôle ; il

n'y a point de partage des produits, pas même de partage des risques.

Le fermier reçoit le cheptel de fer à ses risques; pendant le cours du bail, il en retire seul les profits; quand le bail cesse, il doit laisser sur le fonds une quantité de bestiaux égale à celle qu'il a reçue : tels sont les éléments de ce cheptel.

Le cheptel simple ou à moitié peut être principal ou accessoire, c'est-à-dire intervenir entre un propriétaire de fonds et son fermier ou métayer, ou, au contraire, ne se rattacher à aucun contrat de louage d'immeubles.

Le cheptel de fer, au contraire, ne se conçoit guère que comme faisant partie d'un bail de fonds.

Si la convention qui constitue le cheptel de fer était faite entre un bailleur et un autre que son fermier ou métayer, ce ne serait plus un cheptel, mais plutôt un précaire ou un *mutuum* : un précaire, avec obligation de la part de celui qui reçoit à précaire de supporter les risques, si aucune translation de propriété n'a été dans l'intention des parties contractantes; un *mutuum*, si cette intention des parties a été de transférer la propriété des animaux ainsi livrés.

Mais lorsque la convention a lieu entre le propriétaire du fonds et son fermier ou métayer, cette convention constitue un contrat particulier, un contrat de cheptel. On ne peut pas dire, en effet, qu'il y ait précaire, car le fermier ne reçoit point à titre gratuit, attendu qu'on doit présumer qu'il paye de la ferme garnie de bestiaux un prix plus élevé que celui qu'il payerait si elle en était dépourvue. Il n'y a pas non plus *mutuum*, car le fermier ne devient point par le contrat propriétaire des bestiaux.

Cette proposition : le fermier ne devient point propriétaire des bestiaux par suite du contrat de cheptel, avait cependant été mise en question. Pour soutenir que le fermier devait devenir propriétaire, on pouvait invoquer la maxime de droit : *æstimatio facit venditionem*, et dire : le fermier reçoit les bestiaux sous une estimation, cette estimation renferme une espèce de vente ; on pouvait aussi alléguer la loi 3, ff. *Locat.*, ainsi conçue : *Quum fundus locatur, et æstimatum instrumentum colonus accipiat, Proculus ait id agi, ut instrumentum emptum habeat colonus, sicuti fieret quum quid æstimatum in dotem daretur.* Les bestiaux sont en effet *instrumentum fundi*, et l'estimation, aux termes de cette loi, aurait dû renfermer une vente par laquelle la propriété aurait été transférée au fermier.

Mais Pothier avait répondu avec raison que la maxime *Æstimatio facit venditionem* devait souffrir une distinction. Vraie lorsque l'estimation est faite afin que celui à qui une chose est donnée puisse la retenir en payant l'estimation, cette maxime est fausse lorsque l'estimation n'a pour but que de constater en quel état est la chose au moment où elle est livrée, pour pouvoir déterminer par ce moyen de combien elle se trouvera détériorée ou améliorée. Or c'est dans ce but que se fait la prisée dans le cheptel de fer. Le fermier à qui les bestiaux ont été livrés par estimation n'a pas le droit de les emmener à la fin du bail : cela serait contraire à la nature de ce cheptel, qui n'est appelé cheptel de fer que parce qu'il est comme attaché à la métairie, et que les fermiers sont obligés, en sortant, de laisser un fonds de bestiaux de valeur égale à la prisée. La prisée ne se fait donc pas *venditionis causa*; elle se fait seulement *intertrimenti causa*, afin de pouvoir constater, par une nouvelle prisée qui s'en fera à la fin du bail, de combien le cheptel qui a été livré se trouvera alors diminué ou augmenté. La propriété continue donc de résider sur la tête du bailleur.

Ainsi, dans le cheptel de fer, le bailleur reste propriétaire de son cheptel, comme il reste propriétaire du fonds, et le fermier reçoit et le fonds et le cheptel pour pouvoir en jouir, sauf toutefois cette différence, que le fonds est aux risques du bailleur, tandis que le cheptel est aux risques du preneur. Mais les parties pourraient, par des conventions particulières, déroger à cette règle et mettre tout ou partie de la perte à la charge du bailleur. Il y avait même certaines contrées où, d'après un usage constant, certaines parties du cheptel, par exemple ce qu'on appelait les vaches de montagne, par opposition aux bestiaux de labour, étaient aux risques du bailleur, sauf les deux exceptions suivantes : 1° que la première qui périssait était à la charge du fermier; 2° qu'ensuite il supportait encore la perte d'une sur vingt.

Il est facile de déterminer les obligations du bailleur et du preneur.

Le bailleur doit garantie au preneur non-seulement des évictions qu'il pourrait avoir à subir de la part des personnes se prétendant propriétaires, mais encore, ainsi que nous l'avons dit dans le cheptel simple, de la perte des animaux provenant des maladies dont ils étaient atteints déjà au moment de la formation du contrat. Il faut même remarquer que, comme le cheptel de fer est accessoire du louage de l'immeuble, et que le propriétaire s'est engagé à faire jouir le preneur de sa ferme, en cas de perte des animaux par suite de vices antérieurs au contrat, la garantie due au preneur devrait consister non-seulement en ce qu'il ne sera pas tenu de rendre compte des animaux morts pour cette cause, mais encore en ce que le propriétaire devrait lui en fournir d'autres, si ceux qui restent ne sont pas suffisants pour faire valoir la ferme.

Nous pensons aussi que, comme dans le cheptel simple, le preneur pourrait faire opposition à la saisie exécutée entre ses mains par les créanciers du bailleur ; les mêmes raisons, données pour le cheptel simple, peuvent être invoquées ici contre la solution contraire qu'adoptaient les auteurs que nous avons déjà cités. On peut même voir, croyons-nous, dans le cheptel de fer, un acheminement à la théorie des immeubles par destination, que notre Code Napoléon devait plus tard inaugurer, ou du moins perfectionner.

Quant au preneur, nous savons qu'il a droit à tous les profits du cheptel de fer, à moins de conventions contraires, et qu'il doit supporter seul toutes les pertes, puisqu'il est obligé de laisser, à la fin du bail, une quantité de bestiaux d'une valeur égale à la somme à laquelle monte l'estimation de ceux qui lui ont été donnés lors du bail.

Son obligation de supporter la perte est plus rigoureuse que celle dont est tenu le simple cheptelier, non-seulement en ce qu'il la supporte tout entière, mais encore en ce qu'il doit la réparer au moment même où elle se produit. C'est là une conséquence de l'obligation dont il est tenu, en qualité de fermier, de garnir la ferme des bestiaux et des ustensiles nécessaires à son exploitation.

On peut se demander s'il a le droit de vendre soit les bêtes du cheptel, soit le croît? Il semblerait qu'on devrait répondre négativement; car, d'une part, il n'a pas la propriété du fonds du cheptel, et, d'autre part, le croît est grevé du privilége qui appartient au propriétaire locateur, et ce privilége est même corroboré par un droit de suite conféré à ce propriétaire locateur. Cependant cette solution serait trop absolue. D'abord, quant au croît, il faut reconnaître au preneur le droit de vendre toutes les fois que la vente peut avoir lieu sans porter atteinte aux garanties du propriétaire locateur, c'est-à-dire toutes les fois qu'il restera sur la ferme assez d'animaux et d'ustensiles aratoires pour assurer le payement des fermages ; car alors le propriétaire n'a pas d'intérêt à s'opposer à la vente, et l'intérêt est le fondement de tout droit. Quant au cheptel, le bailleur en est, il est vrai, propriétaire ; mais il a livré les animaux au preneur pour que celui-ci puisse en user, à la seule condition de lui en laisser d'égale valeur à la fin du bail. Si donc les animaux sont trop vieux pour pouvoir rendre des services, ou si, pour toute autre cause, le preneur n'en peut plus retirer l'utilité sur laquelle il est en droit de compter, le bailleur serait évidemment mal fondé à lui refuser l'autorisation de vendre, s'il offrait d'employer le prix de la vente à l'achat de nouveaux animaux. En cas de refus, il est juste que le preneur puisse s'adresser aux tribunaux, pour les rendre juges de l'opportunité de la vente. Mais s'il vendait une bête du cheptel sans aucune autorisation, il faudrait accorder au bailleur le droit de suite.

A la fin du bail, il se fait une nouvelle prisée. Si cette nouvelle prisée est supérieure à la première, le bailleur prélève son cheptel, le preneur garde l'excédant. Si la nouvelle prisée ne monte pas plus haut que celle qui a été faite lors du bail, tout le cheptel doit rester dans la métairie, le fermier n'en peut rien emmener. Il en est ainsi, à plus forte raison, lorsque la nouvelle prisée ne monte qu'à une somme moindre, le fermier doit même, en ce cas, tenir compte du déficit au bailleur.

Il reste à faire remarquer, en terminant, que les casuistes avaient attaqué le cheptel de fer, comme ils avaient attaqué le cheptel simple. On lit dans l'auteur de la Théologie morale de Grenoble, t. I, tit. IV, *Du prêt et de l'usage,* chap. XIII : « Il est sans difficulté que (dans le cheptel de fer) le bailleur commet une usure, puisqu'il prétend recevoir quelque chose en donnant du bétail, ce qui n'est qu'un pur prêt. Pothier avait répondu, avec raison, qu'il ne voyait aucune injustice dans ce contrat, ni rien qui ressemblât à un prêt. Si, dit-il, le bailleur afferme sa métairie embétaillée pour un prix plus cher qu'elle ne le serait si elle était dénuée de bétail, il n'y a rien en cela que de très-juste : une métairie doit être d'autant plus affermée qu'elle est plus fructueuse. Or, il n'est pas douteux qu'une mé-

tairie bien embétaillée ne soit infiniment plus fructueuse que si elle était dénuée de bétail, puisque ce
sont les engrais qui procurent aux terres la fécondité ;
il est donc très-juste qu'elle soit affermée davantage. »

SECTION IV.

DU CONTRAT IMPROPREMENT APPELÉ CHEPTEL.

Il y a, dit Pothier que nous nous bornons à résumer
sur ce point, une espèce de cheptel fort usitée dans
notre vignoble d'Orléans. Un particulier donne une
vache à un vigneron pour la loger et la nourrir ; le
bailleur conserve la propriété de sa vache, et elle est à
ses risques. Il a le profit des veaux qui en naissent, et
il cède au preneur, pour la récompense de la nourriture que le preneur fournit, et de ses soins, le profit du
laitage, sauf de celui qui est nécessaire pour la nourriture du veau, depuis que la vache a vêlé jusqu'à ce
que le veau soit en âge d'être sevré. Il lui cède aussi le
profit du fumier, à la charge par le preneur de se
fournir à ses dépens du chaume pour faire la litière.

L'âge auquel on estime qu'un veau est en état d'être
sevré est celui de quatre semaines au plus tard. Dès
qu'il a atteint cet âge, le bailleur est obligé de le
retirer.

Quand il n'y a point de convention particulière, le
bailleur peut retirer la vache quand bon lui semble,
pourvu que ce soit *tempore opportuno*.

Ce ne serait pas retirer la vache *tempore opportuno*,
si le bailleur voulait la retirer incontinent après qu'il

a retiré le veau, ni non plus si, ayant donné la vache à l'entrée de l'hiver, il voulait la retirer dans le mois d'avril suivant.

Le preneur contracte l'obligation de nourrir la vache et d'en avoir le même soin qu'un bon père de famille a des siennes.

S'il survient par cas fortuit quelque maladie à la vache, le preneur en doit donner avis au bailleur; mais s'il est besoin d'avoir recours à ceux qui se mêlent de la cure des maladies des animaux, le bailleur doit la faire traiter à ses dépens, car le preneur ne s'oblige qu'à fournir la nourriture ordinaire.

Pothier fait remarquer aussi que, comme le bailleur est toujours censé par ce contrat se réserver le profit des veaux, le preneur est tenu de mener la vache au taureau pour l'imprégner lorsqu'elle est en chaleur.

De même que le bailleur ne peut pas retirer la vache, si ce n'est *tempore opportuno*, de même le preneur ne peut la rendre que *tempore opportuno*.

Toutefois, s'il survenait à la vache une maladie habituelle qui la privât de son lait, le preneur serait recevable à la rendre quand bon lui semblerait.

CHAPITRE II.

DES CHEPTELS D'APRÈS LE CODE NAPOLÉON.

PRÉAMBULE.

Le Code Napoléon traite des cheptels au chapitre IV du titre du *Contrat de louage*. Nous avons vu que ce n'est que dans un sens très-étendu que le bail à cheptel peut être compris dans le louage, et c'est ce que déclarait aussi l'art. 4 du projet primitif sur le louage.

Les rédacteurs modernes, analysant cette matière mieux que ne l'avait fait l'ancienne jurisprudence, divisent l'étude des cheptels en cinq sections.

La première contient des dispositions générales, la seconde est consacrée au cheptel simple, la troisième au cheptel à moitié, la quatrième traite du cheptel donné par le propriétaire à son fermier ou métayer dans deux paragraphes, dont le premier a pour objet le cheptel donné au fermier, le second cheptel donné au colon partiaire; enfin, la cinquième mentionne le contrat, improprement appelé cheptel, dont avait parlé Pothier à la fin de son Traité sur cette matière.

Les dispositions contenues dans les sections III et IV sont assez explicites pour se passer de commentaires, et en nous référant aux développements que nous avons donnés sur les cheptels dans notre ancienne jurisprudence, nous nous bornerons à examiner avec brièveté les dispositions contenues dans les sections I et II et à reproduire littéralement les articles des sections III, IV et V.

SECTION PREMIÈRE.

DISPOSITIONS GÉNÉRALES.

Le bail à cheptel, dit l'art. 1800, est un contrat par lequel l'une des parties donne à l'autre un fonds de bétail pour le garder, le nourrir et le soigner, sous les conditions convenues entre elles.

Dans cet article, les rédacteurs n'ont point eu l'intention de donner une définition complète, exacte et précise. Le bail à cheptel présentant diverses espèces fort différentes entre elles, il eût été difficile de les expliquer toutes dans une définition générale. Ils ont voulu seulement indiquer que le bail à cheptel est un contrat qui a pour objet un fonds de bétail.

En disant que c'est un contrat par lequel l'une des parties *donne*, au lieu de *s'oblige à donner*, le Code a sans doute voulu indiquer que les règles des cheptels ne sont applicables d'une manière complète que lorsque la tradition est faite, et que par conséquent ce n'est qu'à elle que ce contrat doit toute sa perfection.

Le mot *donne* ainsi employé peut cependant être critiqué. Il n'a pas le même sens que dans la section II, chapitre III, du titre des obligations, intitulée: De l'obligation *de donner*, ni que dans l'art. 1702 qui définit l'échange. Il n'a pas dans notre article le sens de transférer en propriété (*dare*), il a plutôt le sens de fournir (*præstare*).

Au lieu de dire : *sous les conditions convenues entre elles*, il eût été mieux aussi de dire : *sous les conditions établies par la loi* ou convenues entre elles.

Il y a plusieurs sortes de cheptels :

Le cheptel simple ou ordinaire ;

Le cheptel à moitié ;

Le cheptel donné au fermier ou au colon partiaire.

Il y a encore une quatrième espèce de contrat improprement appelé cheptel (art. 1801).

Quant aux animaux qui peuvent être donnés à cheptel, le Code a rejeté l'opinion de la Thaumassière pour suivre la coutume de Nivernais.

On peut donner à cheptel toute espèce d'animaux susceptibles de croît ou de profit pour l'agriculture et le commerce, art. 1802.

Dans ce contrat comme dans tout autre, les conventions des parties sont toujours la première règle à suivre : l'art. 1803 déclare que ce n'est qu'à défaut de conventions particulières qu'il y a lieu de recourir aux dispositions portées par le Code. Mais les art. 1811, 1819 et 1828 nous montreront qu'en cette matière la liberté des conventions subit certaines restrictions, puisque nous y verrons prohibées certaines conventions qui imposeraient au preneur à cheptel des charges trop onéreuses.

SECTION II.

DU CHEPTEL SIMPLE.

Reproduisant la même inexactitude que l'art. 1800, l'art. 1804 définit le bail à cheptel simple : un contrat par lequel on donne à un autre des bestiaux à garder, nourrir et soigner, à condition que le preneur profitera de la moitié du croît et qu'il supportera aussi la moitié de la perte.

L'art. 1810, portant que *si le cheptel périt en entier sans la faute du preneur, la perte en est pour le bailleur*, corrige cette définition, qui a besoin, en outre, pour être complète, d'être rapprochée de l'art. 1811, où il est dit que *le preneur profite seul des laitages, du fumier et du travail des animaux donnés à cheptel, et que les laines et le croît se partagent.*

Ordinairement, lors du commencement du bail, on fait l'estimation du troupeau donné à cheptel.

L'estimation donnée au cheptel dans le bail n'en transporte pas la propriété au preneur : elle n'a d'autre objet que de fixer la perte ou le profit qui pourra se trouver à l'expiration du bail (art. 1805).

Le preneur doit les soins d'un bon père de famille à la conservation du cheptel (art. 1806).

Le Code a consacré sur ce point la doctrine de Pothier, qui se trouve d'ailleurs conforme à la règle générale qu'il a adoptée sur la prestation des fautes.

Il a également préféré l'opinion de Pothier à celle de Coquille dans les dispositions des deux articles suivants :

Art. 1807 : « Le preneur n'est tenu du cas fortuit que lorsqu'il a été précédé de quelque faute de sa part sans laquelle la perte ne serait pas arrivée. »

Art. 1808 : « En cas de contestation, le preneur est tenu de prouver le cas fortuit, et le bailleur est tenu de prouver la faute qu'il impute au preneur. »

Dans ce dernier article, le mot *cas fortuit* n'a point le même sens que dans l'art. 1392, où il est dit : *Le débiteur est tenu de prouver le cas fortuit qu'il allègue.* Il n'y a cas fortuit, dans le sens de ce dernier article, que lorsque le débiteur a prouvé que non-seulement l'événement est survenu par accident, mais encore qu'il n'a été précédé d'aucune faute de sa part. En matière de cheptel, au contraire, il suffit que le cheptelier établisse qu'il est survenu un accident, et c'est au bailleur à prouver que l'accident a été précédé d'une faute. En ce point, la règle des cheptels déroge au droit commun.

Aux termes de l'art. 1809, le preneur, qui est déchargé par le cas fortuit, est toujours tenu de rendre compte des peaux des bêtes.

La rédaction de cet article n'est point suffisamment précise. Il signifie que le cheptelier sera toujours obligé ou de représenter les peaux des bêtes, ou de justifier de la cause qui l'empêche de les représenter. Expliquer la cause qui l'empêche de les représenter, c'est évidemment en rendre compte.

Si le cheptel périt en entier sans la faute du preneur, la perte en est pour le bailleur ;

S'il n'en périt qu'une partie, la perte est supportée en commun, d'après le prix de l'estimation originaire et celui de l'estimation à l'expiration du cheptel (art. 1810).

Ainsi qu'on le voit par cet article, le Code n'a pas cru devoir choisir entre les trois systèmes qui étaient proposés sur ce point dans notre ancienne jurisprudence, il les a rejetés tous les trois ; il les a écartés pour en introduire un nouveau. Mais cette nouvelle règle sur la responsabilité de la perte du cheptel par cas fortuit n'a pas été favorablement accueillie par les jurisconsultes ; tous l'ont critiquée, et dernièrement, parmi les vœux émis dans l'enquête agricole à laquelle on a procédé, se trouve la révision de cet article 1810. M. Louis Hervé, reproduisant dans sa *Revue agricole* les critiques des jurisconsultes sur cet article, s'exprime ainsi : « On a vu les conséquences de cet aimable article dans les incendies et dans les inondations, où le cheptelier laissait périr tout son troupeau et se gardait bien d'en sauver quelques têtes. Que voulez-vous ! c'est le Code qui lui donne intérêt à agir ainsi. »

Le même publiciste proteste contre l'art. 1811, qui, comme notre ancienne jurisprudence, ne permet pas de stipuler :

Que le preneur supportera la perte totale du cheptel, quoiqu'arrivée par cas fortuit et sans sa faute ;

Ou qu'il supportera dans la perte une part plus grande que dans le profit ;

Ou que le bailleur prélèvera à la fin du bail quelque chose de plus que le cheptel qu'il a fourni.

On se demande, dit M. Hervé, pourquoi le contrat de cheptel est l'objet d'une réglementation absolue plutôt que tout autre contrat.

Sans examiner si cette critique est bien fondée, on peut remarquer que les causes qui avaient fait proscrire, sous notre ancienne jurisprudence, les stipulations que nous venons d'énumérer, ont aujourd'hui un peu perdu de leur importance.

La présence d'une de ces clauses réprouvées n'an-

nule point le contrat de cheptel ; la clause seule est
frappée de nullité. Mais c'est à tort que les auteurs ont
prétendu que, les prohibitions n'étant établies que dans
l'intérêt du cheptelier, lui seul peut invoquer la nullité
de la clause. Il est bien vrai que c'est uniquement pour
protéger le cheptelier que la loi restreint en cette matière la liberté des conventions ; mais la seule conséquence à tirer de cette vérité est que la clause qui est
nulle, parce qu'elle est préjudiciable au cheptelier,
serait valable, au contraire, si elle lui était avantageuse ; mais il ne résulte point de là que la clause
proscrite par le législateur doive être nulle ou valable
à sa volonté, que la nullité ne soit que relative au lieu
d'être absolue. Le texte du Code n'est pas moins formel dans le sens d'une nullité absolue que le texte de
la coutume de Nivernais. *Lesdites convenances sont*
DÈS A PRÉSENT *illicites*, disait la coutume de Nivernais,
indiquant par ces mots : *dès à présent*, que la nullité
n'était point subordonnée aux événements ultérieurs
et ne devait point, par conséquent, dépendre de l'unique
volonté du cheptelier. *Toute convention semblable est
nulle*, dit notre article 1811 ; il ne dit point « est nulle
sur la demande du preneur : » il prononce la nullité in-
distinctement. Et ce n'est pas, remarquons-le, la convention fixant la part à supporter dans les pertes qui
est frappée de nullité, la convention sur la part des
profits restant valable, car la convention dont la nullité
est prononcée est *la convention par laquelle le preneur
s'engage à supporter dans la perte une part plus grande
que dans le profit*. Une pareille convention se compose
nécessairement de deux classes, une sur les pertes,

une sur les profits ; or, comme c'est la convention établissant l'inégalité qui est nulle, il en résulte que la
clause sur les pertes ne peut pas être nulle sans que la
clause sur les profits le soit également ; et la nullité
existe *ab initio*, puisque l'art. 1811 dit : *toute convention semblable est nulle*. Si le Code avait voulu que la nullité ne fût que relative, il aurait dit : le preneur pourra
faire prononcer la nullité de toute convention semblable.

Le preneur ne peut disposer d'aucune bête du troupeau, soit du fonds, soit du croît, sans le consentement du bailleur, qui ne peut lui-même en disposer
sans le consentement du preneur (art. 1812).

Le projet du Code civil, soumis aux cours d'appel,
contenait quatre articles qui ont été fondus dans la disposition laconique de cet article 1812.

Voici ces quatre articles :

Art. 89. « Le preneur ne peut disposer d'aucune bête
du troupeau sans le consentement du bailleur. Si
néanmoins, après une sommation faite par le preneur
au bailleur, celui-ci refuse son consentement à une
vente avantageuse, le preneur pourra se pourvoir contre
lui en dommages et intérêts. »

Art. 90. « Si le preneur vend des bêtes du cheptel sans
le consentement du bailleur, celui-ci peut les revendiquer des mains de l'acheteur ou autre tiers possesseur, pourvu que le cheptel soit prouvé par acte authentique ou devenu authentique avant la vente. »

Art. 91. « Si, dans le cas de l'article précédent, la
vente a été faite d'autorité de justice, le bailleur ne
pourra point revendiquer le cheptel, à moins qu'il n'ait
formé son opposition à la vente. »

Art. 92. « Si, dans le même cas, la vente a été faite dans une foire ou marché, le bailleur ne pourra revendiquer le cheptel qu'en remboursant à l'acheteur le prix de la vente. »

Les dispositions de ces quatre articles furent trouvées sages et légales ; la Cour de Toulouse demanda même que le bailleur fût autorisé à revendiquer dans tous les cas, à la condition de rendre le prix lorsque la vente aurait été faite d'autorité de justice ou en foire.

Cependant la section de législation remania le travail originaire, et, à la place de ces quatre articles, le Code ne contient que l'art. 1812.

Que conclure de là ? Si on rapproche cet article 1812 de l'article 2279, on décidera que le bailleur a perdu le droit de suite. Nous ne croyons pas cependant que telle ait été l'intention du législateur. Il nous paraît avoir voulu écarter le droit de suite que notre ancienne jurisprudence avait consacré, sans le supprimer complétement : ce qui le prouve, c'est d'abord que l'article n'aurait aucune utilité si le droit de suite était supprimé ; ensuite, c'est que le tribun Mouricault a dit dans son rapport que si le preneur se permettait de vendre, le propriétaire pourrait revendiquer les bêtes vendues en justifiant de sa propriété. Pour nous, l'article 1812, sans reproduire la législation de l'ancienne jurisprudence sur le droit de suite, contient cependant une exception à l'article 2279 : il doit être entendu en ce sens que les tribunaux doivent être juges du point de savoir si, d'après les circonstances, il faut autoriser le bailleur à revendiquer ou si, au contraire, il faut appliquer la règle « En fait de meubles, possession vaut titre. »

Quant à la vente consentie par le bailleur, nous pensons qu'elle ne doit avoir aucun effet contre le preneur; et nous ne permettrions pas non plus aux créanciers du bailleur de venir évincer le cheptelier, à moins qu'ils ne puissent invoquer l'art. 1167.

Lorsque le cheptel est donné au fermier d'autrui, il doit être notifié au propriétaire de qui ce fermier tient; sans quoi il peut le saisir et le faire vendre pour ce que son fermier lui doit (art. 1813).

Cette notification, qui doit être faite aussi bien au propriétaire d'une métairie qu'au propriétaire d'une ferme, peut être suppléée par la preuve que le propriétaire savait que le bétail avait été confié à titre de cheptel.

Le preneur ne pourra tondre sans en prévenir le bailleur (art. 1814).

S'il n'y a pas de temps fixé par la convention pour la durée du cheptel, il est censé fait pour trois ans (article 1815).

Sur ce point le Code a préféré la règle de la coutume de Berry à celle de la coutume de Nivernais. On sait que, d'après la coutume de Nivernais, le bail à cheptel, à défaut de convention spéciale sur sa durée, se prolongeait indéfiniment, mais à la charge d'un droit réciproque de résolution qui pouvait s'exercer tous les ans, dix jours avant la Saint-Jean si la cessation était demandée par le bailleur, dix jours avant la Saint-Martin d'hiver si elle était demandée par le preneur. Dans la coutume de Berry, au contraire, le bail à cheptel était fait pour trois ans lorsque les parties n'en avaient pas fixé la durée. Mais, dans l'une et l'autre coutume, si le partage n'était pas demandé au temps où il pouvait l'être, et si le preneur restait en possession pendant un certain temps, pendant quinze jours dans le Berry, il s'opérait une tacite reconduction entre les parties dont l'effet était de prolonger le bail pendant une nouvelle année.

On peut se demander ce qu'il faudrait décider sous le Code relativement à la tacite reconduction. Le Code n'en a pas parlé ; mais évidemment son silence ne la proscrit point ; tous les auteurs sont d'accord sur ce point. Les tribunaux devraient apprécier dans leur sagesse, dit M. Troplong, les circonstances de possession, d'acquiescement, de volonté présumée.

Mais que faudrait-il décider quant à la durée de la reconduction? Sur ce point, les auteurs modernes diffèrent d'opinion.

M. Duranton pense qu'elle doit se prolonger autant que le bail primitif. MM. Duvergier, Troplong et Marcadé sont d'avis qu'elle doit être fixée au terme légal de trois ans, quelle que soit la période déterminée par le premier bail.

MM. Zachariæ, Aubry et Rau veulent, au contraire, qu'on se détermine principalement d'après les usages locaux.

Cette dernière opinion se rapproche davantage de l'ancienne jurisprudence, et nous paraît aussi plus conforme à l'intention probable du législateur moderne.

Le bailleur peut demander plus tôt la résolution si le preneur ne remplit pas ses obligations (art. 1816).

L'art. 1817, le dernier de la section du cheptel simple, réglemente la forme du partage, en perfectionnant le système suivi en pratique dans le Bourbonnais et en le ramenant aux règles de droit commun en matière de partage.

A la fin du bail, ou lors de sa résolution, il se fait une nouvelle estimation du cheptel.

Le bailleur peut prélever des bêtes de chaque espèce jusqu'à concurrence de la première estimation ; l'excédant se partage.

S'il n'existe pas assez de bêtes pour remplir la première estimation, le bailleur prend ce qui reste, et les parties se font raison de la perte.

Nous ferons remarquer, en terminant, que dans le dernier rapport présenté à la chambre des députés sur la loi de 1838, relative aux justices de paix, il fut expressément déclaré que les baux à cheptel n'étaient pas compris dans ses dispositions. « Leurs conditions, disait le rapporteur, sont trop variables, et l'introduction de races d'un grand prix pourrait donner lieu à de sérieuses difficultés. »

SECTION III.

DU CHEPTEL A MOITIÉ.

Le cheptel à moitié est une société par laquelle chacun des contractants fournit la moitié des bestiaux, qui demeurent communs pour le profit ou pour la perte (art. 1818). — Le preneur profite seul, comme dans le cheptel simple, des laitages, du fumier et des travaux des bêtes. Le bailleur n'a droit qu'à la moitié des laines et du croît. Toute convention contraire est nulle, à moins que le bailleur ne soit propriétaire de la métairie dont le preneur est fermier ou colon partiaire (article 1819). — Toutes les autres règles du cheptel simple s'appliquent au cheptel à moitié (art. 1820).

SECTION IV.

DU CHEPTEL DONNÉ PAR LE PROPRIÉTAIRE A SON FERMIER OU COLON PARTIAIRE.

§ I.

Du cheptel donné au fermier.

Ce cheptel (aussi appelé cheptel de fer) est celui par lequel le propriétaire d'une métairie la donne à ferme, à la charge qu'à l'expiration du bail le fermier laissera des bestiaux d'une valeur égale au prix de l'estimation de ceux qu'il aura reçus (art. 1821). — L'estimation du cheptel donné au fermier ne lui en transfère pas la propriété, mais néanmoins le met à ses risques (article 1822). — Tous les profits appartiennent au fermier pendant la durée de son bail s'il n'y a convention contraire (art. 1823). — Dans les cheptels donnés au fermier, le fumier n'est point dans les profits personnels des preneurs, mais appartient à la métairie, à l'exploitation de laquelle il doit être uniquement employé (art. 1824). — La perte, même totale et par cas fortuit, est en entier pour le fermier s'il n'y a convention contraire (art. 1825). — A la fin du bail, le fermier ne peut retenir le cheptel en en payant l'estimation originaire ; il doit en laisser un de valeur pareille à celui qu'il a reçu. S'il y a du déficit, il doit le payer, et c'est seulement l'excédant qui lui appartient (art. 1826).

§ II.

Du cheptel donné au colon partiaire.

Si le cheptel périt en entier sans la faute du colon, la perte est pour le bailleur (art. 1827). — On peut stipuler que le colon délaissera au bailleur sa part de la toison à un prix inférieur à la valeur ordinaire; que le bailleur aura une plus grande part du profit; qu'il aura la moitié des laitages. Mais on ne peut pas stipuler que le colon sera tenu de toute la perte (article 1828). — Ce cheptel finit avec le bail à métairie (article 1820). — Il est d'ailleurs soumis à toutes les règles du cheptel simple (art. 1839).

SECTION V.

DU CONTRAT IMPROPREMENT APPELÉ CHEPTEL.

Lorsqu'une ou plusieurs vaches sont données pour les loger et les nourrir, le bailleur en conserve la propriété; il a seulement le profit des veaux qui en naissent (art. 1831).

POSITIONS.

DROIT ROMAIN.

I. L'usufruitier d'un troupeau, en cas de perte d'un certain nombre de têtes, est-il obligé de les remplacer seulement sur le croît postérieur à la perte, ou aussi sur le croît antérieur ? — Oui.

II. Dans le cas où l'un des copropriétaires d'un animal a été poursuivi par l'action *de pauperie* et n'a pas satisfait le demandeur, celui-ci peut-il agir encore contre les autres ? — Oui.

III. Après avoir exercé une action naissant d'un contrat, peut-on encore exercer l'action de la loi Aquilia pour obtenir un excédant d'indemnité ? — Oui.

IV. Les actions pénales naissant d'un même fait délictueux se cumulent-elles d'une façon absolue ? — Non, mais seulement *in id quod amplius interest.*

V. Dans le droit classique la laine et le croît des animaux volés appartenaient au possesseur de bonne foi, sans qu'il fût besoin de les consommer.

———

POSITIONS.

DROIT FRANÇAIS.

I. L'art. 1808 du Code Napoléon s'écarte des règles ordinaires.

II. Le bailleur ne peut stipuler une redevance en

13

lait, fromages, etc., sans dédommager le cheptelier par d'autres profits.

III. On peut stipuler que le cheptelier aura moins de la moitié dans les profits, pourvu qu'il ait à supporter proportionnellement une part moindre dans les pertes.

IV. La nullité des conventions énumérées dans l'article 1811 ne fait pas tomber le contrat pour le tout ; elle n'atteint que ces conventions prohibées, mais elle est absolue.

V. Le cheptel ne peut être saisi par les créanciers du bailleur que sauf le droit du cheptelier.

VI. La mort du cheptelier n'est pas une cause de dissolution du contrat de cheptel.

PROCÉDURE CIVILE.

I. Lorsque le créancier agit en vertu d'un titre exécutoire autre qu'un jugement, il faut appliquer l'article 1244 Code Napoléon, et non l'art. 122 Code de procédure civile.

II. Le tribunal qui, en condamnant le défendeur par défaut, lui accorde un délai, ne statue point sur une chose non demandée.

DROIT COMMERCIAL.

I. L'art. 449 Code de commerce, qui affranchit du rapport le porteur d'une lettre de change qui en reçoit le payement après l'époque fixée, comme étant celle de la

cessation de payements, et avant le jugement déclara-
tif, est exclusivement applicable au cas où le payement est effectué par le tiré à l'échéance.

Dès lors, si, à défaut de payement par le tiré, le
porteur exerce utilement son recours contre l'un des
signataires antérieurs, le payement peut être annulé
et le rapport ordonné, aux termes de l'art. 447 Code
de commerce.

II. Le privilége du voiturier ne se perd pas par la
remise de la chose voiturée.

DROIT ADMINISTRATIF.

I. Les lois des 15 et 16 floréal de l'an X avaient conféré
au pouvoir exécutif une délégation générale du droit
de vendre directement, sans autorisation législative
spéciale, tous les biens domaniaux ruraux et urbains.

II. Le gouvernement conserve, depuis la loi du
1er juin 1864, le droit de *concéder*, sans intervention
législative, les marais, lais, relais de mer, attérisse-
ments, alluvions d'une valeur estimative supérieure à
un million.

A-t-il aussi le droit d'en opérer la *vente* sans intervention législative ?

DROIT PÉNAL.

I. Le droit accordé à l'administration des forêts, par
la loi du 18 juin 1859, de transiger avant jugement sur
la poursuite des délits et contraventions en matière
forestière s'applique aux délits de chasse commis dans

les bois soumis au régime forestier, comme aux délits forestiers proprement dits, et l'usage qui est fait de ce droit éteint l'action publique.

II. Pendant la durée d'un bail à cheptel, le preneur est seul passible, à l'exclusion du bailleur, de l'amende édictée par l'art. 189 Code forestier, au cas où les bestiaux faisant l'objet d'un cheptel sont trouvés en délit dans les bois.

Vu par le président de l'acte public,
FEY.
Vu par le doyen,
O. BOURBEAU.

Vu :
PERMIS D'IMPRIMER :
Le Recteur,
A. MAGIN.

. Les visas exigés par les règlements sont une garantie des principes et des opinions relatives à la religion, à l'ordre public et aux bonnes mœurs (statut du 9 avril 1825, art. 41), mais non des opinions purement juridiques, dont la responsabilité est laissée au candidat.

Le candidat répondra en outre aux questions qui lui seront faites sur les autres matières de l'enseignement.

Poitiers.—Imp. A. Dupré.

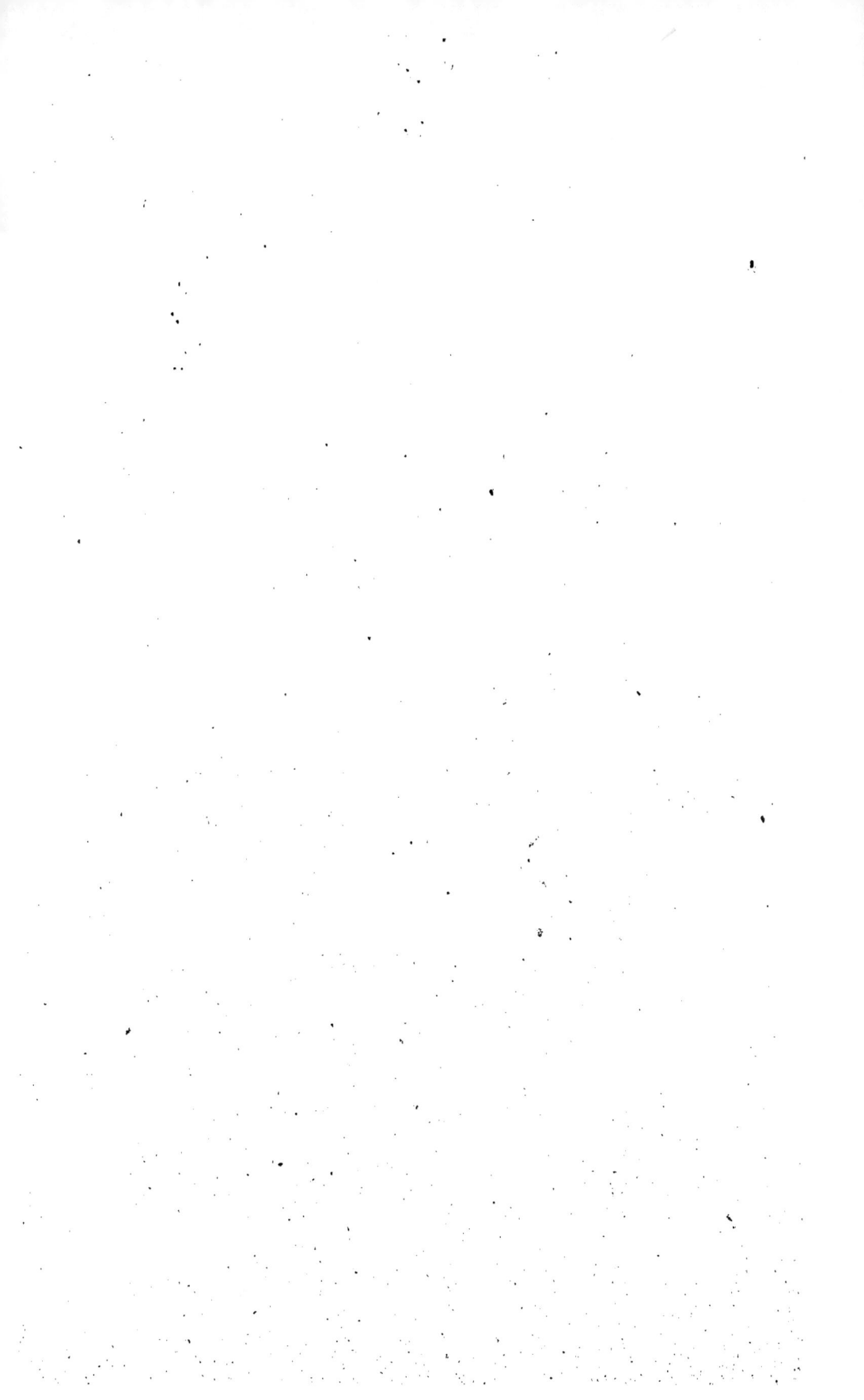

POITIERS. — TYP. A. DUPRÉ.

www.ingramcontent.com/pod-product-compliance
Lightning Source LLC
Chambersburg PA
CBHW060531210326
41519CB00014B/3192